Antje Bostelmann

EINFACH MACHEN!
Den digitalen Wandel im Kindergarten gestalten

Antje Bostelmann

Einfach machen!
Den digitalen Wandel im Kindergarten gestalten

Bildnachweis
S. 10, 14, 36, 48, 62, 70: ©Klax;
S. 23 (6x), S. 55 (6x), S. 80 (4x): ©iStockphoto.com/-VICTOR-
Cover: metamorworks

EINFACH MACHEN!
Den digitalen Wandel im Kindergarten gestalten

Autorin
Antje Bostelmann

Lektorat
Urte Schroeder

Korrektorat
Stefanie Barthold

Layout und Satz
Jeanette Frieberg, Buchgestaltung | Mediendesign, Leipzig

Covergestaltung
Alex Labes

Druckerei
Optimal Media, Röbel/Müritz
Gedruckt auf chlorfrei gebleichtem Papier

Verlag
Bananenblau – Der Praxisverlag für Pädagogen
E-Mail: info@bananenblau.de
www.bananenblau.de

© Bananenblau 2021
ISBN 978-3-946829-57-7

Alle verwendeten Texte, Fotos und grafischen Gestaltungen sind urheberrechtlich geschützt und dürfen ohne Zustimmung des Urhebers bzw. Rechteinhabers außerhalb der urheberrechtlichen Schranken nicht von Dritten verwendet werden, insbesondere, jedoch nicht abschließend, weder vervielfältigt, bearbeitet, verbreitet, öffentlich vorgetragen, aufgeführt, vorgeführt oder zugänglich gemacht, gesendet oder sonst wie Dritten zugänglich gemacht werden.

Für alle, die daran glauben, dass Kindergärten und Schulen die Welt verbessern können.

Inhalt

Vorwort 8

Einleitung 10
Eine Bestandsaufnahme 11

01 Bildung im digitalen Zeitalter 14
Was wir der nachwachsenden Generation mitgeben sollten 15
   Ein neuer alter Bildungsbegriff 18
   21st Century Skills – Kompetenzen für die Zukunft 23
   Drei neue Themen für das Bildungscurriculum
   von Kindergarten und Grundschule 26
Zusammenfassung 34

02 Pädagogische Haltung in modernen Lernsettings 36
Ersatz ist Quatsch 37
Die ko-konstruktive Lernbeziehung zwischen Kindern
und Erwachsenen 38
Was und wie sollten Kinder heute lernen? 39
Wie kann gute Lernbegleitung heute aussehen? 41
Pädagogen als mitlernende Forscher 43
Zusammenfassung 47

03 Lernen in der digitalisierten Welt 48
An bewährte Methoden des Kindergartens anknüpfen 49
Das Spiel als Lernmethode 50
Ästhetik als Lernförderung 51
   Lernprojekte dienen dem Verstehen 54
Zusammenfassung 60

04 Der Kindergarten als Lernlabor 62
Vorschläge für ein Raumkonzept. 63
    Was sind Makerspaces?. 64
    Fehlermutigkeit als wichtige Säule der Maker-Mentalität 65
    Feedbackkultur im Makerspace 67
Zusammenfassung. 69

05 Empfehlungen für die Praxis 70
So gelingt die Einführung digitaler Medien in Kita und Schule 71
    Hinweise für Träger von Kindergärten und Schulen 71
    Die Bildungsstrategie für die pädagogischen Akteure 75
    Die Aufgabe der Leitung in Veränderungsprozessen 76
    Groß und Klein lernen gemeinsam 78
    Action Learning ist für Erwachsene eine wirksame Lernmethode . 79
Zusammenfassung. 83

Fazit 84
Die Autorin 86
Fußnoten 87
Literaturverzeichnis. 92

Vorwort

Liebe Leserinnen und Leser*,

die Digitalisierung dringt in immer mehr Lebensbereiche der Menschen vor. Während über den Einfluss künstlicher Intelligenz[1] auf das Leben diskutiert wird, ist die Auseinandersetzung mit Technik, Medien und Algorithmen in den Bildungsinstitutionen angekommen. Die sinnvolle Nutzung digitaler Medien, vor allem durch Vorschulkinder, ist ein beliebtes Gesprächsthema. In Zeiten einer Pandemie, die sich u. a. durch vorübergehend geschlossene Einrichtungen und Eltern im Homeoffice bemerkbar macht, gewinnt das Thema zusätzlich an Tragweite. Dass die Diskussion jedoch zunehmend emotional und polarisierend geführt wird, verunsichert viele Eltern und Pädagogen. Ausgehend davon, dass der Kindergarten, genau wie die Schule, die Lebensrealität der Kinder in seine Bildungsarbeit einbeziehen muss, wird schnell deutlich: Die gesellschaftlich teilweise ernsthaft diskutierte Idee, Kinder von der Digitalisierung fernzuhalten, bringt unsere Bildungsinstitutionen auf einen Irrweg.

Auch im europäischen Ausland ist der digitale Wandel ein großes Thema. Insbesondere in Skandinavien ist der Umgang damit allerdings offener als in Deutschland – man ist dort schon einen Schritt weiter: Die Digitalisierung ist bereits Teil der Curricula in Kindergärten. Mit den zur Verfügung stehenden Mitteln und Methoden soll die Bildungsarbeit dem veränderten Lebensalltag der Menschen angepasst werden. Viele Kindergärten setzen sich daher ganz gezielt mit Technik und digital beeinflusster Kommunikation auseinander. Der digitale Wandel ist in Kindergärten und Grundschulen angekommen. Doch die Idee eines konsistenten Vorgehens, um digitale Medien sinnvoll zu integrieren, bleibt ein Experimentierfeld. Welche Organisationsform ist die richtige? Welche Materialien sind geeignet? Wo gibt es Räume für pädagogische Aktivitäten in der

---

* Um den Lesefluss nicht zu behindern, haben wir im weiteren Verlauf des Buches häufig nur die männliche oder weibliche Form gewählt. Es dürfen sich aber immer alle Geschlechter angesprochen fühlen.

Frühpädagogik? Die Bedeutung dieser Fragen wird immer wichtiger und ihre Beantwortung immer drängender.

In diesem Buch möchte ich Antworten geben. Nach einer Bestandsaufnahme skizziere ich wichtige Impulse zur Entwicklung der pädagogischen Institutionen in Zeiten großer gesellschaftlicher Veränderungen. Die medial geprägte Welt mit ihren Auswirkungen auf die Lebensrealität der Kinder ist Ausgangspunkt für die Überlegung, wie sich die Bildungs- und Betreuungsarbeit in Kindergärten und Vorschulen weiterentwickeln sollte und welche Methoden den Pädagogen zur Verfügung stehen. Ich beschreibe deren veränderte Rolle als mitlernende Begleiter und erläutere die *21st Century Skills*: Kompetenzen für ein verantwortliches Leben in der Zukunft. Um den Kindergarten als Lernlabor zu etablieren, beschreibe ich den *Makerspace* als eine Raumkonzeption für den modernen Kindergarten und gebe Hinweise für die Elternkommunikation. Den Abschluss bildet ein umfangreiches Kapitel mit Empfehlungen für die tägliche Arbeit in der pädagogischen Praxis. Ich stütze meine Ausführungen auf Einblicke, die ich durch meine Mitwirkung in einem EU-geförderten Projekt gewonnen habe. Auf dessen Ergebnisse gehe ich in diesem Buch ein.[2]

Im Bewusstsein, dass der digitale Wandel beim Schreiben dieses Buches weiter an Fahrt gewonnen hat, bin ich mir sicher, mit dieser Veröffentlichung wichtige Impulse zur Weiterentwicklung der pädagogischen Institutionen zu geben. Die technische, industrielle und gesellschaftliche Revolution des digitalen Wandels steht erst am Anfang. Vor uns liegen noch viele Herausforderungen, die wir nur gemeinsam meistern können – über regionale, berufliche und bildungsstrukturelle Grenzen hinweg. Gehen wir diese spannende Aufgabe offen und produktiv an, so blicke ich optimistisch auf die vor uns liegende Zeit. Machen wir es einfach!

Antje Bostelmann
Frühjahr 2021

Einleitung

Eine Bestandsaufnahme

Nichts hat die Lebenswelten der Kinder und Jugendlichen in den beiden letzten Jahrzehnten im Vergleich zu »früher« so grundlegend und nachhaltig verändert wie die Entwicklungen, die sich im Bereich der elektronischen Medien und der damit verbundenen Kommunikationsmöglichkeiten vollzogen haben – und immer noch vollziehen.[3] Handys, Smartphones und Computer, verbunden mit einem inzwischen für alle zugänglichen Internet, verändern und erweitern die Möglichkeiten der universellen Kommunikation fundamental und anhaltend – zwar nicht nur für Heranwachsende, aber für diese ungleich selbstverständlicher, und vor allem von Anfang an, also ohne jede kritische Betrachtung.

Digitalisierung gilt neben dem Klimawandel, der Globalisierung oder der neuen Mobilität als einer der Megatrends der heutigen Zeit. Wobei der Begriff »Megatrend« keine zukünftige Veränderung bezeichnet, die in voraussehbarer Zeit relevant wird und auf die man sich langsam, aber sicher einstellen muss. Bei diesen Trends handelt es sich vielmehr um Entwicklungen, die das individuelle Leben und die Gesellschaft als Ganzes schon lange beeinflussen und auch noch lange beeinflussen werden. Am Beispiel der Digitalisierung wird das besonders deutlich: Sie verändert schon seit einigen Jahrzehnten das alltägliche und berufliche Leben, die Art zu kommunizieren und sich Informationen zu beschaffen.

Doch die Digitalisierung durchdringt nicht nur die Lebens-, sondern auch die Berufswelt der meisten Menschen. So arbeiten im Dienstleistungssektor nach eigener Angabe rund 83 %[4] der Beschäftigten mit digitaler Unterstützung. Dabei bezieht sich dieser Prozess nicht mehr ausschließlich auf klassische computergestützte Berufe, wie zum Beispiel im IT- oder Marketingbereich. Auch im Bildungs- und Sozialwesen werden immer mehr Beschäftigte von der Digitalisierung tangiert. Im Bereich der Kindertagesbetreuung, auch mit Sicht auf die europäischen Länder, beschränkt sich die Arbeit mit digitalen Medien oder Geräten oft noch auf die Kommunikation (E-Mails) und die Präsentation nach außen (Websites). Ob und wie jedoch beispielsweise Tablets in der frühkindlichen Bildung eingesetzt oder Bildungs- und Entwicklungsprozesse von Kindern per Video dokumentiert werden sollten, sind Fragen, die kontrovers diskutiert werden.

Der gesetzliche Bildungs- und Erziehungsauftrag in Deutschland[5] sieht unter anderem die »Erziehung [des Kindes] zu einer eigenverantwortlichen und gemeinschaftsfähigen Persönlichkeit« (§ 1 Abs. 1 SBG VIII) vor. Im Koalitionsvertrag von 2018 wurde weiterhin festgelegt, »Menschen müssen in jedem Alter und in jeder Lebenslage die Chance haben, am digitalen Wandel teilzuhaben, digitale Medien für ihr persönliches Lernen und ihre Bildung zu nutzen und Medienkompetenz zu erwerben«.[6] Medienerziehung sollte somit Bestandteil jeder deutschen Kindertageseinrichtung sein, jedoch wird das Thema Digitalisierung völlig unzureichend umgesetzt und, wenn überhaupt, lediglich in Bezug auf Erwachsene thematisiert. Kinder sind, wie erwachsene Menschen auch, Teil einer digitalisierten Gesellschaft. Digitale Medien und Geräte sind weltweit ein fester Bestandteil im Alltag der meisten Familien und gehören damit zur Lebens- und Erfahrungswelt der Kinder dazu. Das wird sich auch in ihrem zukünftigen (Berufs-)Leben nicht ändern. Erfolgreiche gesellschaftliche Teilhabe hängt damit auch zunehmend von Fähigkeiten und Fertigkeiten im technischen, digitalen und medialen Bereich ab.

Das heißt, dass sich Erzieher aktuellen Entwicklungen, wie dem Wandel von einer rein analogen zu einer verstärkt digitalen Welt, in ihrer pädagogischen Arbeit nicht entziehen können.[7] Ihre Aufgabe ist es, die Kinder an die verantwortungsvolle Nutzung digitaler Geräte und Medien heranzuführen. Die Voraussetzung hierfür ist jedoch, dass sich pädagogische Fachkräfte selbst mit diesen Themen beschäftigen und entsprechende Medienkompetenzen entwickeln. Medienpädagogik hat zwar mittlerweile einen festen Platz in der Ausbildung von Erziehern, in den frühpädagogischen Studiengängen sowie in der Fort- und Weiterbildung, dennoch ist nicht davon auszugehen, dass pädagogische Fachkräfte ausreichend auf die kompetente Begleitung von Kindern im digitalen Zeitalter vorbereitet sind. Dies betrifft insbesondere Fachkräfte, deren Ausbildung oder Studium bereits etwas weiter in der Vergangenheit liegt und die keine regelmäßige Weiterbildung zu diesem Thema besucht haben. Hinzu kommt, dass Medienpädagogik sich meist noch auf den Erwerb von Wissen über heutige Medien(-systeme) sowie deren kritisch-hinterfragende, aber doch eher passive Nutzung beschränkt. Aktiv gestalterische Kompetenzen im technischen Bereich sowie auf dem Gebiet des Programmierens, der Entdeckung des Internets, dem Verstehen von KI und Lernprozessen in Maschinen werden in medienpädagogischen Seminaren oder Weiterbildungen weiterhin eher selten erworben. Den pädagogischen Fachkräften fehlt es in den meisten europäischen Ländern an didaktischen Methoden und Ansätzen sowie an Lehr- und Lernmaterialien, die auf der Basis eines entdeckend-forschenden Lernens eine altersgerechte, aktive und kreative Nutzung von digitalen Medien unterstützen.[8]

Doch genau diese handlungsorientierten Medienkompetenzen ermöglichen dem Menschen eine Entwicklung weg vom reinen Konsumenten hin zum Produzenten, der Medien aktiv nutzt, um eigene Ideen und Projekte umzusetzen. Kreativität und die Fähigkeit zur Problemlösung gehören zu den Schlüsselkompetenzen des 21. Jahrhunderts und sind damit eine wichtige Voraussetzung, um zukunftsfähig zu sein. Weiterbildungen zum Thema Digitalisierung dürfen sich also nicht ausschließlich auf medienpädagogische Aspekte konzentrieren.

Die Digitalisierung unseres alltäglichen Lebens war bereits vor der Markteinführung des iPads im Jahr 2010 in vollem Gange. Nach 2010 wurden die Auswirkungen des Internets und der Screentechnologien auf das menschliche Zusammenleben, das Kommunikationsverhalten der Menschen und damit auf die Demokratie immer deutlicher. Soziale Netzwerke konnten beispielsweise entscheidend zur Senkung von Partizipationshürden beitragen und haben damit neue Möglichkeiten der öffentlichen Kommunikation geschaffen.[9]

Trotzdem brauchten die Menschen auch nach 2010 ein weiteres Jahrzehnt, um zu erkennen, welche Konsequenzen diese Entwicklungen für die Kompetenzbildung der Menschen weltweit nach sich ziehen. Die europaweit, über alle Schichten hinweg, in unterschiedlicher Intensität geführte Diskussion über den Schutz der Kinder bezüglich dieser Entwicklungen hat zur Verzögerung einer adäquaten Reaktion der Bildungseinrichtungen geführt.

01

Bildung im digitalen Zeitalter

Was wir der nachwachsenden Generation mitgeben sollten

Das Leben und damit das Verhalten der Menschen verändert sich. Unsere Gesellschaft befindet sich in einem rasanten Wandel. Gerne und ohne groß darüber nachzudenken nehmen wir die im Zuge der Digitalisierung entstehenden Erleichterungen unseres Alltagslebens an. Dies geschieht so schnell, dass es kaum mehr wahrgenommen wird. Selten schreibt jemand heute noch einen Brief. Eingekauft wird im Internet. Kommuniziert wird überall und zu jeder Zeit. Nachrichten werden »in real time« abgerufen. Wir Menschen sind von immer mehr digitalen Geräten abhängig, sind ohne WLAN verloren und verlassen uns auf die Informationen aus dem Internet. Dies alles hat Auswirkungen. Fake News, Internetkriminalität oder enthemmte Kommentare auf sozialen Plattformen stellen dabei noch nicht einmal das größte Problem dar. Viel problematischer sind die sich schleichend verstärkende menschliche Bequemlichkeit, die vollkommen neue globale Perspektive, das fehlende Wissen über Geschäftsmodelle und Geschäftsgebaren in der Netzwelt und die radikale Umkehr unserer Handlungs- und Denkroutinen, die bisher auf die Regulierungen eines zuständigen Staates bauen. Auf eine Gesellschaft, die sich öffnet und kollaborativ Selbstverantwortung einfordert, sind wir nicht vorbereitet.

Angesichts komplexer, weltweit sichtbarer Ausmaße, eines durch die Digitalisierung ausgelösten gesellschaftlichen Wandels sind die Unwissenheit über die Funktionsweise von Computern, das Unverständnis über Algorithmen oder die fehlende Kompetenz, sich im Fall einer technischen Panne eines digitalen Gerätes selbst zu helfen, eher eine Begleiterscheinung. Die Menschheit muss umlernen und umdenken, sollen Demokratien erhalten bleiben und das Erdklima geschützt werden, um nur zwei Beispiele zu nennen. Die Frage, vor der wir stehen, ist unübersehbar groß und dabei sehr alt. Zu jeder technischen Revolution, von der Erfindung der Schrift bis heute, lautete sie: »Wird es die Menschheit schaffen, diese vor uns liegenden großen Veränderungen ohne Kriege und Barbarei zu überstehen?« Hier hilft Bildung! Aber auch das aktuell gültige Verständnis von Bildung und Bildungsinstitutionen, die Werkzeuge, Methoden und Akteure befinden sich im Spannungsfeld der Veränderung.

Bildungssysteme sind ein wesentlicher Teil einer gesellschaftlichen Struktur, dienen stets der Sicherung von Staatsmacht und sind fest in ihren jeweiligen kulturellen Kontext eingebunden. Einige Bildungsakteure gehören der Generation an, die vor dem digitalen Wandel aufwuchs. Die Methoden, Werkzeuge und Inhalte sind unter »alten Bedingungen« entwickelt und angewandt worden. Bildungsinstitutionen brauchen eine hohe Anpassungsfähigkeit und Agilität, stattdessen gehören sie häufig zu dem Behäbigsten, was ein Staat zu bieten hat.

Viele Länder stehen vor der Herausforderung, die Bildungsinstitutionen mit neuen Zielen, Regeln, Methoden und Werkzeugen auszurüsten und die Akteure zu schulen. Dies alles geschieht, während der Betrieb weitergeht und die nachwachsende Generation jeden Entwicklungsschritt von Institutionen und gesellschaftlichen Strukturen mit schnelleren Schritten beantwortet. Dieses Dilemma wird die Bildungsinstitutionen begleiten und herausfordern. Um dem zu begegnen, gibt es einige gute Vorschläge, die sich darin ähneln, dass sie auf die Ausbildung von Verantwortungsfähigkeit, gemeinschaftlichem Arbeiten und Selbstwirksamkeit bei der nachwachsenden Generation setzen.

- Bildung ist Lust an Wissen, Lust an diskursivem Austausch und an der Positionierung im eigenen Leben sowie in der Gesellschaft.

- Bildung gelingt nicht ohne Anstrengung und Leistungsbereitschaft, lässt sich nicht kaufen und ist nicht durch Zertifikate belegbar.

- Bildung funktioniert nur, wenn sich jemand selbst bilden will.

- Bildung braucht intensiven Wissenszuwachs und kann nicht allein durch die Anhäufung von Wissen erreicht werden.

- Bildung erfordert einen reflektierten Umgang mit den eigenen Kompetenzen und Fähigkeiten, die in stetiger Auseinandersetzung mit sich selbst und dem sozialen Umfeld entwickelt werden.

- Bildung ist auf die Zukunftsgestaltung gerichtet und erfordert deshalb ein Bewusstsein für die kulturellen und historischen Kontexte, in denen wir uns bewegen.

- Bildung braucht den Dialog.

- Bildung basiert auf der aktiven Teilhabe an der sozialen Gemeinschaft, indem der Mensch Verantwortung für sich und andere übernimmt, dabei kritisch mit Wissen und den eigenen Erfahrungen umgeht, diese verknüpft und neues Wissen hervorbringt.

- Bildung erfordert Authentizität, die Fähigkeit zur Ausprägung einer eigenen Persönlichkeit sowie die Kraft, sich an den eigenen Lebensfragen abzuarbeiten und dabei theoretisches Wissen in praktische Handlungen zu übersetzen.

- Bildung drückt auch die Anstrengung des Menschen aus, eine moralische und ethische Grundhaltung zu entwickeln und diese im eigenen Leben anzuwenden.

Ein neuer alter Bildungsbegriff

In den meisten europäischen Ländern denkt man bei Bildung an Lernen, im Sinne von kognitiver Leistungsfähigkeit und kognitiver Wissenserweiterung. Im tradierten Verständnis der meisten Länder steht der gebildete Mensch im Sinne von Elite an der Spitze der gesellschaftlichen Ordnung. Daher ist das Erreichen einer möglichst großen kognitiven Bildung und damit ein hoher Aufstieg des Einzelnen ein wichtiges Ziel vieler Eltern: »Geh fleißig zur Schule, damit aus dir einmal etwas wird«. Hier äußert sich die Hoffnung, dass kognitive Bildung zu sozialer Absicherung und sozialer Anerkennung führt.

»Bildung bezeichnet den Vorgang, durch den eine Person unter dem Einfluss äußerer, hauptsächlich erzieherischer, sozialer und kultureller Einflüsse eine bestimmte Natur annimmt – im Übrigen das Ergebnis dieses Vorgangs, den genannten Charakter selbst.«[10] *(Knud Grue-Sørensen)*

Mit der Digitalisierung unseres Lebens, und der damit einhergehenden gesellschaftlichen Veränderung, rückt der Bildungsbegriff in seiner erweiterten Form in den Mittelpunkt. Bildung ist eben nicht nur ein probates Mittel, um persönliche Anerkennung und sozialen Aufstieg zu erlangen. Die Herausforderungen, vor denen die Menschheit steht, machen deutlich, dass diese nicht durch menschliche Einzelleistung und deren Akzeptanz durch möglichst viele andere Menschen zu lösen sind. Die globale Perspektive, und vor allem die für jedermann zugänglichen Informationen sowie die Möglichkeit für wirklich jede Person, sich breitenwirksam zu äußern, fordern ein gesellschaftliches Miteinander. Dies ist eine Verpflichtung zwischen Menschen, Kulturen und Gesellschaften, die mit dem aktuell noch gültigen Verständnis von Bildung, und der damit verbundenen Ausrichtung der Institutionen Kindergarten und Schule, nicht zu erreichen ist. Die Erweiterung des Bildungsbegriffes vom Einzelnen auf die soziale Gemeinschaft ist mindestens seit der Aufklärung bekannt und fordert gegenwärtig die Messbarmachung der sozialen Dimension von Bildung in den Bildungsinstitutionen ein.

Georg Wilhelm Friedrich Hegel hielt fest: »Das Wahre ist das Ganze. Das Ganze aber ist nur das durch seine Entwicklung sich vollendende Wesen. Es ist von dem Absoluten zu sagen, dass es wesentlich *Resultat*, dass es erst am *Ende* das ist, was es in Wahrheit ist; und hierin eben besteht seine Natur, Wirkliches, Subjekt oder Sichselbstwerden zu sein«.[11] Der Begriff der Bildung bezieht sich sowohl auf den Prozess, in dem eine Person kulturell bestimmte Fähigkeiten, Kenntnisse und Einstellungen erwirbt, als auch auf das Ergebnis dieses Prozesses, d. h. so wie sich Menschen in sozialen Zusammenhängen verhalten. Der Begriff der Bildung bezieht sich also auf das Lernen, die Entwicklung von Fähigkeiten und Kompetenzen, die Identitätsbildung und die Ausbildung von Kompetenzen, die den Menschen zu einem sozialen Wesen machen. Es ist ein dynamisches Konzept, das in einer Perspektive des lebenslangen Lernens und der lebenslangen Entwicklung gesehen werden muss und als etwas betrachtet werden sollte, das ständig im Wandel ist.

Im Bildungsbegriff nach Lars Geer Hammershøj[12] wird zudem betont, dass der Mensch durch andere Menschen ein Mensch wird. Mensch zu werden beschreibt die Art und Weise, sich zu entwickeln, und wie man mit sich selbst und anderen Menschen in der Welt umgeht. Dies äußert sich darin, dass man persönliche Einstellungen, Werte oder Denkweisen verändert. Im pädagogischen Kontext besteht allerdings ein Bedürfnis nach einer Produktionsleistung, bei der Bildung, Lernen und Wissen als Schlüsselbegriffe in Bezug auf die Entwicklung des einzelnen Kindes und in Bezug auf den Alltag des Kindes (einschließlich der Mediennutzung) betrachtet werden; also nach einem Bildungskonzept, das den Ausgangspunkt für die pädagogisch organisierten Lernprozesse in Kindergarten und Schule bilden kann und in dem die soziale Gemeinschaft gleichberechtigt Beachtung findet.

Wir erleben heute durch die Digitalisierung angetriebene Veränderungen in fast allen Lebensbereichen. Dies verändert auch die Sichtweise der Menschen auf den Bildungsbegriff, der nun auch damit verbunden wird, Technologien richtig einzusetzen und zu benennen.

Außerdem, dass der Einzelne die Rolle der Technologie in unserem gemeinsamen Leben verstehen und sich auf die Chancen und Herausforderungen dieser Technologien beziehen kann. Im Sinne von aktiver Teilhabe am gesellschaftlichen Leben entsteht die Forderung, alle Menschen darin zu unterstützen, die Chancen und Herausforderungen digitaler Technologien nutzen zu können. Der zur Verantwortung fähige Mitbürger rückt in den Mittelpunkt der Bildungsbemühungen. Für diesen ist unter anderem auch wichtig, die Rolle von Technologien in verschiedenen Bereichen unseres Lebens analysieren, reflektieren und verantwortungsvoll anwenden zu können.

Drei Perspektiven auf den Bildungsbegriff im Zusammenhang mit aktuellen, durch die Digitalisierung vorangetriebenen Veränderungen

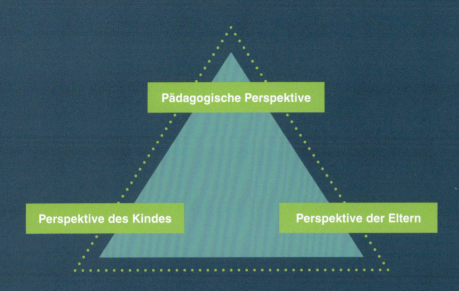

In der täglichen pädagogischen Praxis müssen sich die Pädagogen aus verschiedenen Perspektiven mit der Bildung und insbesondere mit den Bildungsanforderungen in den Zeiten der Digitalisierung beschäftigen. Ich stelle hier die Perspektiven des Bildungsbegriffs vor, wie sie durch die UCC Kopenhagen definiert wurden:

In der **pädagogischen Perspektive** wird Bildung in Beziehung zu einer Entwicklungsperspektive gesehen. Lernen und Entwicklung werden auf der Grundlage des Lehr- oder Bildungsplans der Institutionen zum übergeordneten Ziel erklärt und die Kinder müssen dabei von pädagogischen Fachkräften unterstützt werden. Ein Ziel, an dem kontinuierlich gearbeitet wird.

Aus der **Perspektive des Kindes** geht es darum, die vielfältigen Möglichkeiten digitaler Technologien, die in den Kindergemeinschaften wichtig sind, zu nutzen und überhaupt nutzen zu können. Es ist wichtig, darauf zu achten, dass sich die Kinder nicht zwischen den vielen technischen Nutzungsmöglichkeiten »verlieren« und so der Kontakt zu ihren Peers[13] minimiert wird.

Aus der **Elternperspektive** heraus, unter Berücksichtigung der Tatsache, dass unterschiedliche Kulturen und damit unterschiedliche Nutzungsgewohnheiten von digitalen Medien in den verschiedenen Familien vorhanden sind, werden Technologien jedoch meistens für den Zweck der Erholung und Unterhaltung eingesetzt.

Die pädagogischen Fachkräfte sollten sowohl in der Lage sein, die Eltern über die angemessene Nutzung digitaler Entwicklungen zu informieren, als auch erklären können, dass es unterschiedliche Technologien, vor allem aber Anwendungsansätze im Haushalt und in der Einrichtung gibt.

21st Century Skills[14] – Kompetenzen für die Zukunft

In den frühen 1980er-Jahren begann man sich Gedanken darüber zu machen, welche Kompetenzen Kinder und Jugendliche für die Zukunft erwerben sollten. Diese Bewegung begann im angloamerikanischen Raum von den USA über Kanada und Neuseeland und wurde von internationalen Organisationen bis hin zur OECD aufgegriffen. Um die Jahrtausendwende ging der Blick weg von den klassischen Schulfächern wie Lesen, Schreiben und Rechnen hin zu Kompetenzen wie Teamarbeit, kritischem Denken und Gemeinwohl förderndem Verhalten. Wichtige Institutionen und Organisationen haben diese Idee aufgegriffen und mit eigenen Herangehensweisen und aus unterschiedlichen Blickwinkeln Kompetenzen für das 21. Jahrhundert vorgestellt. 2002 wurde z. B. in den USA die Organisation *Partnership for 21st Century Skills* (P21) ins Leben gerufen. Hier fanden sich wichtige Industrievertreter wie SAP, Microsoft, Apple und Dell zusammen. P21 entwickelte in den folgenden Jahren das Kompetenzmodell immer weiter.

Ich beziehe mich im Folgenden auf die dänische Variante der 21st Century Skills.

Folgende Überprüfungsfragen für Pädagogen ergeben sich im Hinblick auf die Förderung von 21st Century Skills:

Zusammenarbeit: Können die Kinder gemeinsam an Aufgabenstellungen arbeiten und Ergebnisse präsentieren, die in einer Gemeinschaftsarbeit entstanden sind?

Die Fähigkeit, dass Kinder gemeinsam Aufgaben planen und erfüllen können und ihre eigenen Ideen einbringen dürfen – unter Vereinbarung und Einhaltung von Regeln – wird gefördert.

IT in Lernprozessen nutzen: Sind die Kinder in der Lage, selbstständig IT bei ihren Welterkundungen zu nutzen? Lernen sie die Funktionsweise digitaler Geräte zu verstehen? Wissen sie, wie digitale Programme funktionieren, und können sie erste Schritte des Programmierens selbst ausführen?

Die Fähigkeit, kreativ, kritisch und bewusst mit Technologien umzugehen sowie Informationen zu finden, einschätzen und hinterfragen zu können, muss erst einmal erworben werden.

Wissenskonstruktion: Lernen Kinder, sich Wissen selbst anzueignen und Lernaufgaben aus eigener Neugier zu entwickeln?

Die Fähigkeit, den eigenen Lernerfolg reflektieren, persönliche Ziele zu verwirklichen und Verantwortung für das eigene Lernen übernehmen zu können, nimmt an Bedeutung zu.

Problemlösung und Innovation: Bieten die Pädagogen den Kindern ausreichend Angebote, um Probleme auszumachen und diese selbstständig zu lösen, neue Ideen zu entwickeln und diese zu verwirklichen?

Die Fähigkeit, das gewohnte Denken und Handeln zu hinterfragen und ändern zu können, sowie die Bereitschaft, Neues auszuprobieren, werden gefördert.

Selbstevaluation: Wird eine Kultur der Selbstevaluation gepflegt? Werden die Kinder angeregt, über ihr Tun, ihr Lernen und ihr soziales Verhalten zu reflektieren? Hinterfragen sich die Pädagogen ebenfalls?

Die Fähigkeit, eigene Gefühle, Bedürfnisse und Verhaltensmuster zu erkennen sowie sich der eigenen Potenziale, Stärken und Schwächen bewusst zu sein, spielt eine zunehmend wichtigere Rolle.

Kompetente Kommunikation: Gibt es im Kindergarten Lernanlässe, die helfen, die sich verändernde Informationswelt zu verstehen? Wird der Schutz der sozialen Gemeinschaft zentral thematisiert? Lernen die Kinder, sich selbst positiv zur Gemeinschaft zu verhalten und die Grundregeln des »Anstandes« zu schätzen und zu schützen?

Die Fähigkeit, Verschiedenartigkeit zu akzeptieren und Verständnis für andere Einstellungen und Meinungen zu zeigen, steht im Mittelpunkt.

Drei neue Themen für das Bildungscurriculum von Kindergarten und Grundschule

Spätestens seit dem Erscheinen von Tablets und Smartphones auf dem Markt und den damit verbundenen Veränderungen der Lebensrealität der Kinder und Jugendlichen wurde den Pädagogen in Kindergärten und Schulen klar, dass sie die Themen der Digitalisierung in Bildungsprojekten aufgreifen sollten. Im Zuge dieser Überlegungen zu neuen Herangehensweisen wurden drei Lernfelder für digitale Medienkompetenz entwickelt, die den neuen Lernzielen einen Rahmen geben:

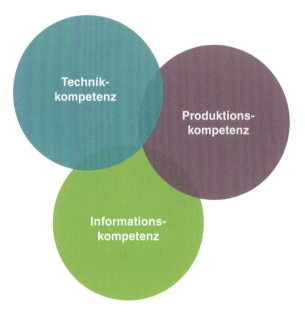

Informationskompetenz

Der deutsche Erziehungswissenschaftler Dieter Baacke definierte Informationskompetenz als »die Fähigkeit, die Medien zu nutzen, die verschiedenen Aspekte der Medien und Medieninhalte zu verstehen und kritisch zu bewerten sowie selbst in vielfältigen Kontexten zu kommunizieren«.[15]

Im englischsprachigen Raum hat sich in der Diskussion um die Informationskompetenz der Begriff »Media Literacy« durchgesetzt. Buckingham beschreibt die vier Schlüsselkonzepte Medienproduktion, Mediensprache, Medienpräsentation und Medienzielgruppe als Grundlage der Media Literacy und hebt hierbei im Vergleich zu Baacke neben einem umfangreichen Wissen über das Themengebiet wesentlich stärker einen kritisch reflektierten Umgang mit Medien hervor.[16] Wie können wir Bildung mit und durch eine digitalisierte Lebenswelt verstehen?

Praxisbeispiel: Die Wahrheit und das Internet[17]

»Ich habe im Garten einen Löwenzahn wachsen sehen«, sagt Luis, ein Junge aus der Vorschulgruppe. »Äh, der spinnt doch«, rufen die Zwillinge Max und Mika. »Löwenzähne wachsen doch nicht im Garten, die sind im Maul vom Löwen drin.«

Luis ist empört: »Ich weiß genau, dass diese Blume Löwenzahn genannt wird. Meine Oma hat das gesagt.«

»Deine Oma hat ja keine Ahnung!«, rufen die Zwillinge zurück.

Eva, die Erzieherin, hat das Gespräch mit angehört und ruft die Jungen jetzt zu sich: »Ich denke, ihr solltet über diese Frage noch einmal nachdenken. Morgen früh im Morgenkreis können wir dann mit allen Kindern darüber sprechen.«

Am nächsten Morgen sitzen alle Kinder zusammen. Eva sagt: »Gestern haben Luis, Max und Mika eine Frage gestellt. Die will ich jetzt gern an euch alle richten. Die Frage lautet: Gibt es eine Pflanze, die Löwenzahn heißt?«

Die Kinder diskutieren. Einige haben schon gehört, dass es eine Pflanze mit diesem Namen gibt, andere wundern sich.

»Jetzt müssen wir aber mal die Wahrheit herausbekommen!«, ruft Lise.

»Ja, wie soll das denn gehen? Hier scheint ja keiner Bescheid zu wissen!«, sagt ihre Freundin Lottie.

»Wir fragen das Internet, das machen meine Eltern auch immer, wenn sie sich nicht auskennen!«, gibt Lise zurück.

Eva legt ihr Tablet in die Mitte. »Wer weiß denn, wie man das Internet fragt?«, fragt sie in die Runde. Die Kinder wissen allerdings Bescheid: »Du musst Google aufmachen und dann die Frage da hinschreiben!«

Eva öffnet den Internetbrowser und die Suchmaschine. »Wie wollt ihr die Frage formulieren?«, wendet sie sich wieder an die Kinder. Schnell kommen eine ganze Menge Vorschläge zusammen:

»Was ist Löwenzahn?«, ruft Luis. »Frag, ob Luis spinnt«, kichern die Zwillinge. Die Mädchen gucken genervt.

»Schreib einfach Löwenzahn rein«, sagt Lottie. »Meine Mutter sagte immer, ein Wort genügt meistens, dann passiert schon was. Wir werden ja sehen, was dasteht.«

Eva gibt das Wort Löwenzahn in die Suchmaske ein. Dann wartet sie.

Eva liest vor, was auf der sich öffnenden Seite steht. Das Lexikon Wikipedia hält alle Informationen über die Pflanze bereit. »Also doch«, staunen die Zwillinge Max und Mika. »Was steht hier?«, will Lise wissen und zeigt auf die nächste Zeile.

»Löwenzahn ist auch eine Fernsehsendung«, liest Eva vor. »Klar«, rufen alle Kinder, »vom KiKa, die haben wir schon gesehen!«

Als Nächstes gibt es eine ganze Reihe von Bildern von Löwenzahnblüten und dann etliche Filme aus der KiKa-Löwenzahnserie. Ganz unten steht noch etwas darüber, dass Löwenzahn ein Heilkraut ist.

Auf der nächsten Seite erfahren die Kinder dann, dass es einen Fanclub gibt, der den Namen Löwenzahn trägt, ein Buchladen heißt Löwenzahn, ein Gesundheitszentrum. Es gibt eine Information darüber, dass jemand Autoreifen aus der Pflanze gemacht hat.

»Unsere Küche, die uns jeden Tag das Essen liefert, heißt auch Löwenzahn«, erinnert Mika sich.

Jetzt sind die Kinder wirklich verwirrt. So viele Dinge nennen sich Löwenzahn. Aber was ist nun richtig? »Was meint ihr?«, fragt Eva in die Gruppe zurück.

Nach einer längeren Diskussion sind sich die Kinder einig: Löwenzahn ist der Name einer Pflanze, die auch Butterblume oder Pusteblume heißt. Sie wächst auch auf der Freifläche des Kindergartens. Der Bäcker und der Buchladen haben sich den Namen der Pflanze gegeben. »Die Fernsehsendung heißt so, weil da immer eine Löwenzahnpflanze am Anfang gezeigt wird«, meint Mika.

»Haben wir nun die Wahrheit herausgefunden?«, fragt Eva. Sie überlegen ein bisschen. »Eine Wahrheit ist es ja nicht, wenn da so viele Sachen stehen und man muss erst überlegen, bevor man weiß, was jetzt richtig ist«, sagt Lise skeptisch.

»Wir haben ja auch nicht richtig gefragt, sondern geschrieben«, sagt Max.

Was ist das Internet und wie wird es benutzt? Diese Frage stellen sich schon Kindergartenkinder, denn sie sehen ihre Eltern oder andere Erwachsene bei offenen Fragen im Internet nachsehen. Die Kinder aus der Vorschulgruppe tun dies auch, um einen Streit darüber zu schlichten, was man mit dem Wort »Löwenzahn« bezeichnet. Sie lernen, dass ein Wort viele Bedeutungen haben kann. Sie erkennen, dass hinter der Benutzung von bestimmten Wörtern Absichten stehen, und üben sich darin, aus einer Vielzahl von Informationen die herauszusuchen, die ihnen weiterhelfen. Das Internet hat etwas Magisches. Gerade für Kinder im Vorschulalter ist dieses die Wahrheit wissende Wunderding einfach zu akzeptieren. Es fühlt sich für sie gut an und gibt ihnen Sicherheit.

Doch die digitale Welt hat nicht nur viele Vorteile, sie birgt auch viele Tücken und Gefahren, vor denen Kinder lernen müssen, sich zu schützen. Um so wichtiger ist es, den Kindern einen kritischen Umgang mit den Informationen aus dem Internet beizubringen und die Unterscheidung von richtig und falsch auf der Ebene des Internets zu thematisieren. Die Erzieherin Eva hat in dem oben beschriebenen Beispiel die Kinder und ihr Lernen in den Vordergrund gestellt. Sie hat auf Belehrungen und Warnungen verzichtet und die Gruppe eigene Erfahrungen machen lassen. Sie hat keine Antworten gegeben, sondern den Thesen der Kinder geduldig zugehört und ihre Diskussion behutsam gelenkt. Die Kinder haben sich eine eigene Meinung gebildet und dabei einen ersten Schritt in die richtige Richtung gemacht. Sie haben das Internet mithilfe der Erzieherin genutzt und eine von ihr angeregte Diskussion über die dort bereitgestellten Informationen geführt.

Technikkompetenz

Technikkompetenz umfasst die Fähigkeit, technische Geräte auf der Grundlage von mathematisch-physikalischem Wissen zu verstehen, sich mit naturwissenschaftlichen Phänomenen auseinanderzusetzen und in der Lage zu sein, eigene technische Anwendungen herzustellen. Dazu gehört auch, dass Kindergartenkinder Grundwissen über beispielsweise Strom erlangen und einen Stromkreis bauen können. Durch eigenes Ausprobieren und Tüfteln werden erfahrungsbasiertes und entdeckendes Lernen gefördert. Weiterhin brauchen Kinder auch Materialien und Raum, um das Programmieren zu erproben und zu verstehen. Technikkompetenzen sind längst in den Bildungsprogrammen von Kindergärten und Grundschulen verankert, wurden bisher allerdings eher vernachlässigt. Die Digitalisierung macht deutlich, wie wichtig es ist, technische, mechanische und elektrische Konstruktionen zu verstehen und diese von digitalen Anwendungen unterscheiden zu können.

Praxisbeispiel: Wir bauen einen Stromkreis

Silke stellt eine Kiste mit Werkzeug auf den Tisch. Die Kinder sind inspiriert und wollen sofort loslegen. Doch Silke bremst sie und bittet erst einmal alle Kinder, sich hinzusetzen: »Bevor wir anfangen, möchte ich, dass wir uns daran erinnern, was wir bereits über Strom gelernt haben.«

Die Kinder tauschen sich aus. Sie wissen noch gut, was ein Stromkreis ist und welche Stoffe leiten und welche nicht. Silke bittet die Kinder, einen Stromkreis zu bauen. Dazu gibt sie ihnen ein Blatt Papier, eine Knopfzelle, Kupferklebeband und kleine LED-Klebeplättchen. Sofort legen sie los. Das Kupferklebeband wird auf das Papier geklebt. Die kleinen LEDs werden an den richtigen Stellen platziert, genau wie die Knopfzelle. Immer dann, wenn die Knopfzelle das Kupferband berührt, leuchten die kleinen Lämpchen. Die Kinder sind begeistert. »Es klappt!«, ruft Nelly. »Bei mir auch«, sagt Bruno und klatscht in die Hände.

Silke fordert die Kinder auf, daran zu denken, was sie über den Stromkreis wissen, wenn sie sich jetzt gleich daranmachen, eigene Roboter zu entwickeln und diese zum Fahren oder zum Leuchten zu bringen …

Es ist eine Sache, etwas über Strom und Technik erklärt zu bekommen. Es ist eine andere Sache, selbst einen Stromkreis bauen zu können. Noch besser ist es, den Dingen durch eigenes Probieren, Tüfteln und Knobeln auf den Grund zu gehen. Erfahrungsbasiertes, entdeckendes Lernen ist ein sehr erfolgreicher Prozess der Wissensvermittlung, der besonders im Kindergarten Sinn ergibt. Die Kinder sind neugierig und voller Zutrauen in das Gelingen ihrer Ideen. Um dieses Zutrauen nicht zu stören, ist es wichtig, dass die Pädagogen sich gemeinsam mit den Kindern auf Entdeckungsreise begeben. Gemeinsames Lernen von Kindern und Erwachsenen ist für beide Seiten von Nutzen.

Pädagogen sollten darauf achten, den Fragen und Thesen der Kinder genau zuzuhören. Daran lässt sich ableiten, wo die Kinder in ihrer Welterkenntnis stehen, was sie schon wissen und wie sie dieses Wissen in ihr Weltbild einordnen. Lernen kann man am besten, wenn neue Erkenntnisse auf vorhandenes Wissen stoßen und man darauf aufbauen kann. Pädagogen, die wissen, was die Kinder schon gelernt haben, können leichter den nächsten Lernschritt planen.

Gemeinsam lernt es sich leichter: Lernen ist ein diskursiver Prozess, der im Austausch mit anderen stattfindet. Daher ist es wichtig, dass die Kinder gemeinsam mit anderen Kindern und den Pädagogen an einer Aufgabe arbeiten. Wichtig ist aber auch, ein einmal gesetztes Ziel zu verfolgen, obwohl sich das Ziel während des Prozesses ändern kann. Der Weg zum Ziel kann durch etliche Schwierigkeiten verbaut sein. Wer hier aufgibt, wird nichts lernen und am Ende enttäuscht sein. Daher ist es wichtig, dass die Pädagogen immer wieder zum Dranbleiben ermuntern und hin und wieder über eine Hürde helfen. Eine gute Vorbereitung ist zudem alles: Das Material sollte bereitstehen und der Raum gut präpariert sein.

Produktionskompetenz

Die Digitalisierung und die damit verbundenen gesellschaftlichen Veränderungen haben unterschiedlichste Bewegungen auf den Plan gerufen. Die junge Generation fordert mit den »Fridays for Future« ein nachhaltiges Handeln in allen Bereichen, die Maker-Bewegung erinnert daran, dass jeder Mensch mit den eigenen Händen Dinge erschaffen kann, die schön und nützlich sind. Coding wird zum Unterrichtsfach und ist Leitthema verschiedenster Organisationen. Makerspaces und FabLabs schießen aus dem Boden. In der Frühpädagogik erinnert man sich daran, dass Werken, Basteln und Malen wichtige Schwerpunkte des pädagogischen Handelns sind. Mithilfe verschiedener digital gesteuerter Maschinen wie 3-D-Druckern, Stickmaschinen oder Lasercuttern können schon sehr junge Kinder ihre Ideen Realität werden lassen.

Dabei sollen verschiedene technische Hilfsmittel, wie ein 3-D-Drucker, so genutzt werden, dass Kinder ihre eigenen Ideen für ihre eigenen Zwecke nutzen können. Ideen selbstständig umzusetzen, stärkt das Selbstbewusstsein und das Selbstwertgefühl und ist wichtig für die Entwicklung einer Haltung als aktiver Produzent.

Zu unserer Lebensrealität gehören zunehmend Maschinen, die mithilfe von Computern gesteuert werden. Daher ist es wichtig, dass Kindergartenkinder mit dieser Technik in Berührung kommen. Dafür muss nicht jeder Kindergarten einen 3-D-Drucker besitzen, Bibliotheken und Stadtteilzentren bieten dies zunehmend zur Nutzung für Bildungseinrichtungen an.

Praxisbeispiel: Würfel, Kugel, Dach – dreidimensionale Konstruktionen[18]

Maria ist die Erzieherin einer Vorschulgruppe. Sie hat bemerkt, dass die Vorschulkinder in ihren Zeichnungen Vierecke, Kreise und Dreiecke gut abbilden können. Sie bittet die Kinder, ein Haus zu zeichnen. Danach fragt sie, ob sie dieses Haus auch bauen könnten. Die Kinder flitzen in den Bauraum, kommen mit Bausteinen zurück und bauen damit ihre Häuser.

Maria hat über Nacht Erbsen eingeweicht und Zahnstocher bereitgestellt. Sie fordert die Gruppe auf, das gezeichnete Haus in räumlicher Form mit diesen Materialien nachzubauen. Es entstehen eine Vielzahl fantasievoller Modelle von Häusern. Danach dürfen die Kinder ihr Haus am 3-D-Drucker drucken. Dazu zeichnet jedes Kind sein Haus in die Doodle-App auf dem Tablet, skaliert die Zeichnung in die Höhe und druckt.

So entstehen einige wackelige 3-D-Drucke, aber die Kinder sind nicht zufrieden. Ein Haus muss doch stehen können. »Wie das geht, zeige ich euch morgen«, verabschiedet Maria die Kinder.

Zurück im Kindergarten hat Maria den Laptop an den 3-D-Drucker angeschlossen. Sie hat das Programm TinkerCad geöffnet und erklärt den Kindern, wie es benutzt wird. Die Aufgabe besteht darin, einen Würfel, ein Dach oder eine Kugel zu konstruieren, damit der 3-D-Drucker diese Körper ausdrucken kann. Die Kinder konstruieren die Formen, drucken ihre Entwürfe und wundern sich, dass die Körper zwar von der einen Seite gut aussehen, die anderen Seiten aber unfertig sind. Sie erkennen, dass sie den Körper im Programm von allen Seiten betrachten und bearbeiten müssen, bevor sie diese drucken. Schließlich gelingt ihnen ein Ausdruck.

> »Das ist aber anstrengend«, sagt Mino. »Der Computer macht einfach nicht, was ich will.« »Er macht nicht, was du willst!«, sagt Maria. »Er macht, was du programmierst! Ein Computer ist nur eine Maschine, die nicht allein denken kann. Du musst deshalb immer ganz genau sein, wenn du Befehle in einen Computer eingibst.« In Gedanken plant sie für die Kinder schon ein neues Projekt, in dem es um das Programmieren gehen wird.

Zusammenfassung

Erwachsene stehen vor der Aufgabe, die Zukunftsfähigkeit der nachwachsenden Generation zu fördern. Erwachsene sollen also selbst Fähigkeiten und Kompetenzen erwerben, die im Zusammenhang mit der Digitalisierung unserer Gesellschaft erforderlich sind. Fähigkeiten im Bereich der Technik, Mechanik und Elektrizität bilden auch für Erwachsene die Basis dafür, digital gesteuerte Prozesse zu verstehen und sie in Bildungsprozessen transparent zu machen.

Die in den Bildungsinstitutionen übliche Methode des Lehrens wird durch kollaborative, generationsübergreifende Lernprozesse ergänzt oder sogar abgelöst. Für die Pädagogen besteht eine wesentliche Herausforderung darin, sich selbst im Umgang mit digitalen Medien zu bilden und diese gleichzeitig in den pädagogischen Alltag zu integrieren. Es zeichnet sich ab, dass es zunehmend Situationen geben wird, in denen Kinder und Erwachsene gemeinsam lernen. Die pädagogische Rolle kann und muss sich um neue Elemente erweitern. Daher erscheint es wichtig, Erwachsene für eine Auffassung von Lernen und Bildung zu sensibilisieren, die sich gegenüber einem traditionellen Verständnis von Lernen abgrenzt, das vor allem aus dem schulischen Kontext – und der eigenen Lernbiografie – bekannt sein dürfte. Die »4 pädagogischen Urbitten«, die Peter Fratton[19] bereits 1980 formulierte, sind weiterhin brandaktuell:

- Erziehe mich nicht, sondern begleite mich!
- Bringe mir nichts bei, sondern lass mich teilhaben!
- Erkläre mir nicht, sondern gib mir Zeit zu erfahren!
- Motiviere mich nicht, aber dich!

Ein projektbasiertes, ko-konstruktives oder selbstorganisiertes Lernen darf jedoch nicht mit Beliebigkeit oder Planlosigkeit verwechselt werden!

Lars Geer Hammershøj beschreibt den Umgang mit digitalen Technologien im Kindergarten sehr treffend:

> »One of the main arguments for why digital technology media is relevant in kindergarten is that it is important for children to understand digital technologies and to use them creatively [...] they have to be makers, but what is not so clear is why this is so important. Or how one promotes creativity in children and these two questions actually open up bigger questions. Actually, I think the biggest question for education is: What is important to learn in the future? This question has always been important for education.«[20] (Lars Geer Hammershøj)

Digitalisierung betrifft das individuelle Leben sowie die Gesellschaft als Ganzes. Dies wird deutlich in der Art, wie wir kommunizieren und Informationen beschaffen. Bei Kindern beobachten wir, dass diese bereits früh sowohl technische Fähigkeiten entwickeln als auch informelle kommunikative Medienfähigkeiten, gerade durch den alltäglichen Gebrauch digitaler Medien. Für Bildungseinrichtungen ist es daher wichtig, ein Konzept zu entwickeln, das die komplexe und dynamische Medienkultur berücksichtigt und die Kompetenzentwicklung der Kinder anerkennt.

Vor dem Hintergrund einer sich stetig wandelnden Umwelt geht es darum, Medien- und Schlüsselkompetenzen zu besitzen, die dazu befähigen, Medieninhalte zu verstehen und kritisch zu bewerten.

02

Pädagogische Haltung in modernen Lernsettings

Ersatz ist Quatsch

Es ist nicht sinnvoll, das reale Leben durch digitale Dinge zu ersetzen. Der Einsatz digitaler Geräte kann auch zu einem ganz unbeabsichtigten Ersatz sozialer Beziehungen oder einer Abgabe von Verantwortung an digitale Geräte führen. Ein Beispiel dafür sind Vorlese-Apps. Gegen diese ist nichts einzuwenden, aber im Kindergarten ist die Erzieherin zum Vorlesen da. Während des Vorlesens entsteht sehr viel emotionaler und sozialer Kontakt, der für das Lernen wichtig ist und den eine Vorlese-App nicht bieten kann. Wenn wir also darüber nachdenken, wie der Kindergarten die Kinder auf eine digitale Zukunftsgesellschaft vorbereiten kann, müssen wir uns Folgendes klar machen:

> *»Computer wurden gemacht, um uns das Leben zu erleichtern. In Bildungsprozessen dürfen sie den Menschen allerdings nicht das Denken abnehmen. Wir brauchen Software, die zum kritischen Denken und zur Reflexion anregt.«[21]* (Heidi Schelhowe)

Dazu muss verständlich erklärt werden, dass die Auseinandersetzung mit digitalen Medien nicht bedeutet, vor dem Computer abzuhängen. Vielmehr geht es darum, die drei Lernfelder Informationskompetenz, Technikkompetenz und Produktionskompetenz in das Bildungsprogramm des Kindergartens zu integrieren.

Kinder, die heute in den Kindergarten kommen, sind daran gewöhnt, mit digitalen Geräten umzugehen. Sie kennen den Anblick von Erwachsenen, die sich über ihr Smartphone beugen und intensiv damit kommunizieren. Die Technik wird immer einfacher und verständlicher. Umso drängender ist die Frage, auf welche Weise pädagogische Fachkräfte im Kindergarten den Kindern die digitalisierte Welt erklären können. Ich bin davon überzeugt, dass das Lernen mit digitaler Technik kein Selbstzweck ist, sondern dass digitale Technik ein hilfreiches Werkzeug für Pädagogen sein kann.

Die ko-konstruktive Lernbeziehung zwischen Kindern und Erwachsenen

Die Idee der Ko-Konstruktion beschreibt Bildung als sozialen Prozess, in dem Kinder und Erwachsene sowie Gleichaltrige in gemeinsamer Interaktion und im wechselseitigen kommunikativen Austausch lernen. Nach Piaget lernt ein Kind die Bedeutung der Interaktionsregeln in der Eltern-Kind-Beziehung vor allem durch Macht und Autorität – und damit ist die Beziehung zu den Eltern (noch) nicht wechselseitig.[22] James Youniss hingegen argumentiert, dass Kinder Interaktionsregeln in der sozialen Beziehung zu Gleichaltrigen lernen – und dies vor allem wechselseitig. »Wechselseitigkeit wird zuerst praktiziert, dann in Prinzipen umgesetzt und schließlich wieder in die soziale Praxis übertragen.«[23] Da Interaktionsregeln zusammen mit Gleichaltrigen gelernt und produziert werden, spricht Youniss von einer »Ko-Konstruktion«:

»Gleichaltrige entwickeln gemeinsam die Perspektiven, die sie miteinander teilen. Wenn sie sich in die Perspektive des anderen hineinversetzen, übernehmen sie damit eine Perspektive, die sie und der andere konstruiert haben.«[24] *(James Youniss)*

Wissen zu ko-konstruieren betont stärker den Prozess als den Erwerb von Fakten. Der Pädagoge kann diesen Ansatz nutzen, um sich als Lernbegleiter zu verstehen. Gemeinsam und wechselseitig mit dem Kind zu lernen, ist das Ziel. Mit der Ko-Konstruktion wird der soziale Charakter von Bildungsbeziehungen zwischen Kindern und Pädagogen beschrieben und der wechselseitige Dialog in den Vordergrund gerückt.[25]

Eine ko-konstruktive und begleitende Haltung der pädagogischen Fachkräfte ist eine wichtige Voraussetzung für das Lernen der Kinder. Die Zeit des allwissenden Erwachsenen, der lehrende Vorträge hält, ist vorbei.

Erwachsene sind Arrangeure von Lernsettings, lernende Mitspieler oder Spielimpulsgeber. Es braucht weiterhin Erwachsene, die im Umgang mit Technik und digitalen Werkzeugen geschult sind. Darüber hinaus müssen Erwachsene in der Lage sein, die durch die Digitalisierung angetriebenen gesellschaftlichen Veränderungen zu erkennen und ihre Erkenntnisse aufzubereiten. Nur so können sie Bildungsangebote entwickeln, die den Kindern helfen, sich in dem gesellschaftlichen Wandel zurechtzufinden und dabei Kompetenzen zu entwickeln, die sie befähigen, ihre eigene Zukunft verantwortungsvoll mitzugestalten.

Was und wie sollten Kinder heute lernen?

Über dieses Thema wird viel diskutiert. Weltweit werden Zukunftskompetenzen vorgestellt, die auf den ersten Blick wenig mit digitalen Technologien zu tun haben. Zusammenarbeiten, Wissen konstruieren, IT in Lernprozessen anwenden, kompetent kommunizieren, kreativ sein, die Fähigkeit, Probleme zu lösen, kritisches Denken, Medien- und Informationskompetenz; dies sind die Kernpunkte, um die es in der pädagogischen Arbeit heute geht. Die Begleitung und Förderung der kindlichen Entwicklung in Kindergarten und Schule bleibt das Kernziel der pädagogischen Institutionen. Die Kinder lernen, die Welt zu verstehen. Sie lernen, sich in der sozialen Gemeinschaft sicher zu bewegen und das eigene Verhalten und die eigenen Bedürfnisse zu regulieren. Es bleibt bei dem Ziel, die Kinder zu mündigen und verantwortungsfähigen Mitbürgern heranwachsen zu lassen. Diese aktuell diskutierten Zukunftskompetenzen bestätigen insgesamt unser bisheriges pädagogisches Handeln in der Frühpädagogik, ging es doch schon immer darum, gut zusammenzuarbeiten und verantwortungsvoll in der Gruppe zu kommunizieren. Allerdings lassen die Zukunftskompetenzen eine Schwerpunktverschiebung erkennen, die durchaus ernst genommen werden sollte und ein Umdenken der Erwachsenen von heute verlangt.

Die Art des Lernens hat sich verändert. In traditionellen Lernsettings lernen die Kinder, zuzuhören und die erwartete Antwort zu geben, sie lernen für Klassenarbeiten und Prüfungen. Im Kontext der Zukunftskompetenzen reicht es jedoch nicht, sich an Lerninhalte zu erinnern und sie wiedergeben zu können. Heute muss Wissen entdeckt, kritisch hinterfragt und effektiv eingeordnet werden können. Wer Wissen erwerben will, muss sich im weltweit angebotenen Wissen orientieren können und imstande sein, das Wissensangebot beurteilen und ordnen zu können. Die Kinder von heute lernen für multiperspektivische Berufe, von denen wir aktuell noch gar nicht viel wissen. Sie müssen daher in der Lage sein, stets Neues zu erlernen, bereits Gelerntes zu verlernen und neue Erkenntnisse zu integrieren. Damit dies gelingt, muss sich in Kindergärten und Schulen einiges verändern. Bildungsinstitutionen sollen zu einem Ort des gemeinschaftlichen Forschens und Fragens werden. Nicht das Herausfiltern der besten Zuhörer und Wiedergeber ist das Ziel, sondern das gemeinsame Lernen und Verstehen von Lernprozessen, das Herausfinden der persönlichen Lernfähigkeit und des effektiven Umgangs damit. So lernen Kinder heute, sich als Teil einer sozialen Gemeinschaft zu begreifen. Sie lernen, von der Gemeinschaft zu profitieren und in die Gemeinschaft einzuzahlen. Dies stärkt die Fähigkeit zum kompetenten Kommunizieren, zum im Sinne der Gemeinschaft verantwortlichen Handeln und zum Konstruieren und Reflektieren von Wissen.

Die Bildungsinstitutionen ändern ihr pädagogisches Vorgehen besonders in Bezug auf das Lernen. Lernen wird zum aktiven, gemeinschaftlichen Forschen, Kreativität und Leidenschaft in Lernprozessen rücken in den Vordergrund, Lernen wird spielerisch. Die soziale Interaktion wird zum zentralen Treiber im didaktischen Vorgehen. Damit verbunden werden soziale und personale Kompetenzen zu entscheidenden Erfolgsfaktoren des Lernens und erhalten eine zentrale Stellung in der Beurteilung des Lernerfolges.

Wie kann gute Lernbegleitung heute aussehen?

Aktuell werden die Erwachsenen dazu herausgefordert einzusehen, dass sie bei Weitem nicht alles wissen und vermitteln können, was die heutigen Kinder für die Zukunft brauchen.

Die Wissensarbeit der Bildungsinstitutionen muss hinterfragt werden: Wie werden Lernprozesse in Kindergarten und Schule gestaltet? Lernen die Kinder zu lernen, sich Wissen selbst anzueignen und Lernaufgaben aus Neugier zu entwickeln? Bildungsinstitutionen sind verpflichtet, die Lebensrealität der Kinder in ihre Arbeit zu integrieren. Die Digitalisierung unseres Alltags ist Teil der Lebensrealität heutiger Kinder und gleichzeitig eine wichtige Herausforderung für Pädagogen. Für ein verantwortungsvolles Leben in der digitalisierten Welt ist es notwendig, Technik zu verstehen und anwenden zu können. Begonnen beim Wissen über Stromkreise und den Aufbau eines Algorithmus über die Grundlagen des Programmierens bis hin zur Funktionsweise eines Roboters und zur Steuerung von Maschinen mithilfe von Computern ...

Dies fordert von Eltern und Pädagogen, eine bescheidene Haltung bezüglich des eigenen Wissens einzunehmen und gleichzeitig die Verantwortung für das Gelingen des Bildungs- und Erziehungsprozesses zu behalten. Dies klingt fast unmöglich, beschreibt aber das Spannungsfeld, welches die Interaktion zwischen Kindern und Erwachsenen seit jeher begleitet. Die Frage nach den Merkmalen guter Lernbegleitung wird hier beantwortet:

Beziehungen gestalten

Lernen gelingt am besten im Zusammensein mit anderen Menschen. Lernprozesse brauchen Diskussion und Reflexion. Lernen ist ein diskursiver Prozess, der im Austausch mit anderen stattfindet. Daher ist es wichtig, dass Kinder gemeinsam mit anderen Kindern und den pädagogischen Fachkräften an einer Aufgabe arbeiten. Gute Beziehungen sind eine Voraussetzung dafür.

Den Fragen und Thesen der Kinder genau zuhören

An ihren Fragen und Thesen lässt sich ableiten, wo Kinder in ihrer Welterkenntnis gerade stehen, was sie schon wissen und wie sie dieses Wissen in ihr Weltbild einordnen. Lernen kann man am besten, wenn die neue Erkenntnis auf vorhandenes Wissen stößt und darauf aufbauen kann. Pädagogische Fachkräfte, die wissen, was die Kinder schon gelernt haben, können leichter den nächsten Lernschritt planen.

Lernarrangements entdecken oder bewusst gestalten

Pädagogen sorgen für eine anregende Umgebung, die zum Erkunden einlädt. Sie gehen selbst mit offenen Augen durch die Welt und lassen die Kinder an ihren Entdeckungen teilhaben, nehmen selbst aber auch an den Entdeckungen der Kinder Anteil.

Vorbereitet sein

Das Material sollte bereitstehen und der Raum gut vorbereitet sein. Die Lernumgebung sollte so gestaltet sein, dass selbstständiges und forschendes Lernen möglich ist.

Gemeinsam mit den Kindern planen und reflektieren

Es ist sinnvoll, eine Aufgabe in Schritte zu zerlegen, sich genau zu überlegen, was herausgefunden werden soll, wie man vorgehen will und wen man fragen kann. Pädagogen sprechen mit den Kindern über deren Forschungsschritte, geben ihnen wertschätzende Rückmeldung und vermitteln Anerkennung und Sicherheit.

Impulse statt Anleitung

Es ist wichtig, sich mit Anleitungen zurückzuhalten und stattdessen zum Weiterdenken anzuregen, zum Beispiel indem man Fragen stellt. Fantasie, Sinn, Erfahrung und Sprachkompetenz spielen in Lernprozessen eine Rolle.

Spielen ist Lernen

Die Möglichkeit zu spielen braucht zeitliche und räumliche Ressourcen. Pädagogen müssen sich dessen bewusst sein, um darauf achten zu können, diese Ressourcen nicht einzuschränken.

Kinderräume zu Lernlaboren umgestalten

Kinder brauchen vielfältige Zugänge, um die Welt zu erkunden. Kinderräume sollten daher als Lernlabore fungieren, die anregen und unterschiedlichste Experimente zulassen.

Pädagogen als mitlernende Forscher

Doch wie wird man zum Mitspieler, Mitforscher und Lernbegleiter, wenn man jahrelang eingeübt hat, den Kindern zu helfen, sie zu unterweisen und zu unterrichten? Wie kann pädagogisches Handeln unter den neuen Anforderungen aussehen?

Zum Beispiel so:

- Pädagogische Abläufe planen, ohne alles vorherzusehen und im Voraus gestalten zu können und zu wollen.
- Pädagogische Grundlagen anwenden, um Kindern zu Wissen und Erfahrungen zu verhelfen.
- Teamarbeit pflegen, auch mit Kindern.
- Didaktische Überlegungen zum Mitspielen und Mitforschen anstellen.
- Sich selbst darauf trainieren, die Fragen der Kinder im Fluss zu halten und nicht durch schnelle Antworten zum Versiegen zu bringen.
- Den Kindern immer wieder neue, interessante Dinge zum Untersuchen mitbringen.
- Mit den Kindern im Dialog bleiben.
- Die Fähigkeit erwerben, traditionelle pädagogische Methoden mit neuen Möglichkeiten zu kombinieren. Ästhetische Bildung, Geschichten erzählen, Alltagsspiele und Naturerkundungen bleiben im Mittelpunkt des Kindergartens.

- Digitale Medien in das Alltagsleben des Kindergartens integrieren und in selbstverständlicher Nutzung zu sinnvollem Zubehör des Kindergartenlebens zu machen.
- Üben, die eigenen Gedanken mit Eltern, Teamkollegen und Kindern zu teilen. Auch oder gerade, wenn sie kritisch gegenüber allgemeingültigen Meinungen und Haltungen sind.

Am Ende ist es eine Frage des didaktischen Vorgehens von Pädagogen. Es braucht neue Überlegungen und pädagogische Gedanken. Diese entstehen am ehesten im Austausch mit anderen Pädagogen, über Versuche, den Alltag neu und anders zu gestalten, über Erfahrungen im Umgang mit neuen Materialien und über Projekte, die gelungen oder manchmal auch misslungen sind.

Die Beschreibung der Pädagogen-Persönlichkeit beginnt mit der Haltung, dem Bild vom Kind und dem Verständnis des Lernens.

Praxisbeispiel: Hortbetreuung

Während der Hortbetreuung in einer Schule habe ich folgende Beobachtung gemacht: Im Computerraum der Schule sitzen viele Kinder vor den Bildschirmen. Die Atmosphäre im Raum ist ganz im Gegensatz zu den anderen Räumen, die wie ausgestorben wirken, von Diskussionen und Aktivitäten geprägt. Die Pädagogen finde ich im Büro.

Auf meine Frage, warum sie nicht bei den Kindern sind, antworten sie, dass die Kinder schon klarkommen. Sie selbst verstünden ohnehin nichts von Computern und könnten zu dem Tun der Kinder kaum etwas beitragen.

Diese Situation hat mich nicht losgelassen. Ist es wirklich wahr, dass heutige Erwachsene den Kindern nicht beim Erlernen des Verstehens und Anwendens digitaler Technologien helfen können?

Sind Pädagogen nicht doch eher Meister im Organisieren und Inszenieren von Lernprozessen als allwissende Automaten, die auf Knopfdruck zu jedem beliebigen Thema eine Unterweisung ausspucken können?

Die Haltung »wir Erwachsene verstehen nichts von Computern« und die daraus getätigte Ableitung »wir wollen deshalb auch nichts damit zu tun haben« sind grundlegend zu diskutieren. Erwachsene haben die Verantwortung für die Bildung und Erziehung der nachwachsenden Generation. Das hat sich auch im Zeitalter der Digitalisierung nicht geändert. Die Pädagogik hat die Pflicht, sich mit der Lebensrealität von Kindern auseinanderzusetzen und diese in ihrem pädagogischen Handeln zu berücksichtigen.

Das Bild vom Kind als lernendem Wesen, welches in seiner Entwicklung begleitet, dabei im Erlernen sozialer und kultureller Fähigkeiten angeleitet und in seinem Wissenserwerb gelenkt und motiviert wird, ist nach wie vor richtig, braucht aber eine neue Einordnung. Bisher wurde die Tätigkeit des Lernens und Erziehens als eine Art Übergabe von Wissen und Verhalten durch den Erwachsenen an das Kind verstanden. Auch wenn schon lange vor dem Auftritt des ersten Tablets auf dem Markt heftig darüber diskutiert wurde, dass hier Änderungen nötig sind, hat sich die auf dieser Annahme beruhende Methodik an Schulen und Kindergärten noch nicht geändert. Die zunehmende Digitalisierung unseres Lebensalltags zieht notwendigerweise nach sich, dass auch Veränderungen im pädagogischen Vorgehen vonstattengehen. Seymour Papert macht mit seiner Aussage, die bereits aus den 1970er-Jahren stammt, einmal mehr deutlich, um was es eigentlich geht:

> *»You can't teach people everything they need to know. The best you can do is position them where they can find what they need to know when they need to know it. I am convinced that the best learning takes place when the learner takes charge.«[26]*
>
> *(Seymour Papert)*

Pädagogische Haltung in modernen Lernsettings | 45

Die Idee vom gemeinsamen, forschenden und entdeckenden Lernen ist nicht neu, viele Bildungseinrichtungen versuchen sich daran und berichten über ihre Erfolge. Im System staatlicher Vorgaben und Kontrollen geht es jedoch nach wie vor um messbare Lernleistungen, die durch eine lehrerzentrierte Unterrichtsdidaktik erreicht werden sollen. Dies ist ein Dilemma für die Bildungsinstitutionen.

Lernen ist keine Einbahnstraße, sondern ein soziales Paket. Beim Lernen werden vielfältige Einflüsse und Ereignisse aufgenommen, im Diskurs mit anderen Menschen überprüft, erweitert oder verworfen und im Alltagshandeln angewandt und weiterentwickelt. Lernen braucht Zuversicht, Leidenschaft und Mut. Es braucht eine anregende Umgebung und regulierende Auseinandersetzungen. Wer lernt, bewegt sich, macht Fehler und muss Misserfolge verarbeiten. Es ist daher wichtig, dies alles schon in der frühen Kindheit zu lernen. Dafür braucht es Pädagogen, die diese Art des Lernens durch eigenes Verhalten sowie Raum- und Materialangebote ermöglichen, unterstützen und begleiten können.

»The role of the teacher is to create the conditions for invention rather than provide ready-made knowledge.«[27] *(Seymour Papert)*

Zusammenfassung

Der Pädagoge als Mitlerner, wie es in diesem Kapitel beschrieben wurde, zeigt den Versuch, eine pädagogische Haltung in einem modernen Lernsetting zu entwickeln.

Das Spannungsfeld des Pädagogen als Mitlerner umfasst nicht nur eine entsprechende pädagogische Haltung, sondern auch eine umfassende Qualifizierung, die Motivation, Dinge zu lernen, und die Offenheit gegenüber der veränderten kindlichen Lebenswelt.

Die Aufgabe des Pädagogen ist es, Lernprozesse zu initiieren, die Faszination schaffen und somit Voraussetzung für die Lust am Erfinden und für die Aneignung von Wissen sind. Fertiges Wissen bereitzustellen, ist in diesem Kontext keine Alternative.

03

Lernen in der digitalisierten Welt

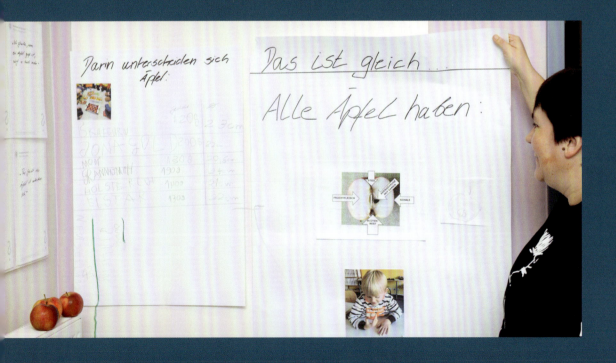

An bewährte Methoden des Kindergartens anknüpfen

Ich bin davon überzeugt, dass Erzieher und Pädagogen meisterhaft darin sind, Lernprozesse zu initiieren, zu begleiten und zu reflektieren. Kernziel des Kindergartens und der Vorschule ist es, die kindliche Entwicklung zu begleiten und zu fördern. In der sozialen Gemeinschaft des Kindergartens lernen Kinder, die Welt zu verstehen und sich sicher darin zu bewegen. Damit wird der Grundstein dafür gelegt, dass sie später in der Schule zu mündigen Mitbürgern heranwachsen. Dies alles geschieht in einer Umgebung, die von einer zunehmenden Digitalisierung geprägt ist. Kinder an eine verantwortungsvolle Nutzung digitaler Medien heranzuführen, ist dabei eine wichtige Aufgabe der Erzieher.

Es geht nicht darum, dass Pädagogen alles zum Thema Digitalisierung wissen oder den Umgang mit digitalen Medien bereits perfekt beherrschen, sondern darum, mit den Kindern die Welt zu entdecken.

Beginnend schauen wir auf das Spiel der Kinder als ureigenste Lernmethode.[28] John Dewey[29] beschreibt beispielsweise das Spiel[30] (»Play«) als unbefangene kindliche Aktivität, mit der eine spielerische Herangehensweise (»Playfulness«) verbunden ist. Spiel bedeutet Lernen, ohne unbedingt ein direktes Ziel zu verfolgen. Zur Bedeutung dieser Herangehensweise im Schulkontext schreibt Heidi Schelhowe weiter: »Mit der Vorstellung innovativer, experimenteller Technologien und ihrer Verbindung mit ›Geschichten‹ versuchen wir Fantasiewelten, Spielräume und Imaginationen zu öffnen. Schulische Anwendungen von Digitalen Medien sind heute viel zur sehr auf das Gegenwärtige, Machbare, Bewährte, Nützliche gerichtet. Wir propagieren, dass Schulen einen spielerischen Umgang mit Zukunftstechnologien bieten sollen (…).«[31]

Das Spiel als Lernmethode

Alle Menschen lernen im Spiel. Wenn wir spielen, sind wir engagiert, wir sind kreativ und stellen uns Herausforderungen so lange, bis wir Lösungen gefunden haben. Spielen heißt zu experimentieren, Theorien aufzustellen und wieder zu verwerfen. Spielen ist aber auch die Auseinandersetzung mit anderen Menschen, ihren Meinungen und Ideen. Spielen ist eine Form der Weltentdeckung, die im kulturellen Erbe der Menschen tief verankert ist. In vielen Kulturen wird das Spiel der Kindheit zugeordnet und vom ernsthaften Lernen deutlich abgegrenzt. Diese antagonistische Auffassung von Spielen und Lernen muss dringend überwunden werden. Genussvolles Lernen in spielerischer Auseinandersetzung mit der Welt ist der Schlüssel für wirklich fundiertes, also internalisiertes Wissen. Im Spiel wird die Frage »Was wäre, wenn ...?« zur Grundlage von Ideen und Verabredungen. Sie ist eine sehr wichtige Frage, denn sie bringt die Menschen dazu, den eigenen Denk- und Erfahrungshorizont zu verlassen und mit der Kraft der Fantasie Neues herbeizusehnen. Entwicklung findet immer dort statt, wo Menschen das, was sie wissen, oder was allgemein als gegeben angenommen wird, hinterfragen. Wo sie versuchen, Dinge tiefer zu ergründen und dabei Neues zu entdecken. Diesen Aspekt des Verlernens und Neulernens findet man in vielen Spielsituationen.

Gemeinsam mit anderen verschiedene Spielsituationen zu inszenieren, Welten zu imaginieren und Entdeckungen zu machen, das ist Lernen. Besonders bei der Einführung von digitalen Medien im Kindergarten kommt es darauf an, alle Beteiligten zu motivieren und sie auf eine spielerische Entdeckungsreise zu schicken. Pädagogische Fachkräfte können diesen Ansatz nutzen, um digitale Medien im Kindergartenalltag zu implementieren. Es ist nicht leicht, den Anfang zu finden. Viele Pädagogen haben Vorurteile oder Berührungsängste. Wie wäre es, ein oder zwei digitale Funktionen anzubieten und die Kollegen aufzufordern, damit zu spielen? Es macht allen sehr viel Freude, von der Kindergartengruppe mit der Green-Screen-App ein Foto im Weltraum zu erstellen, Kindern die Möglichkeit zu geben, ein Tablet zur Rückfahrkamera am Fahrrad anzubauen oder mit einer Rüsselkamera jedes Loch im Garten zu untersuchen. Wer weiß, vielleicht findet sich sogar eine Maus darin.

Ästhetik als Lernförderung

Ästhetische Bildung[32] geht auf die sinnliche Wahrnehmung ein. Menschen lernen besonders nachhaltig, wenn ihr sinnliches Empfinden und die dadurch ausgelösten Emotionen beteiligt sind. Lernen braucht das Reizen der Sinne, das Fühlen, Riechen, Schmecken, Hören und Sehen, die den Lernenden in Kontakt mit der Umwelt bringen.

Wahrnehmungen lösen Gefühle in den Kindern aus und werden mit dem verknüpft, was das Kind bisher erlebt hat. Kinder sammeln ästhetische Erfahrungen, die sie als Grundlage für den Aufbau kognitiver Strukturen brauchen. Wer etwas malen möchte, muss sich mit dem abzubildenden Gegenstand auseinandersetzen, ihn genau untersuchen, um seine Funktionsweise zu verstehen. Genaues Hinsehen und möglichst genaue Wiedergabe des Gesehenen helfen dabei, sich ein Bild von der Welt zu machen.[33] »Darstellen heißt Klarstellen«, wie Rudolf Seitz treffend gesagt hat.

Pädagogische Fachkräfte in Kindertageseinrichtungen sollten in der Lage sein, die ästhetischen Momente im Alltag zu erkennen und gemeinsam mit den Kindern zu erleben. Dies ist nicht immer planbar. Manchmal muss man eine geplante Tätigkeit unterbrechen, um dem Regen zu lauschen oder gemeinsam die Geschichte einer toten Fliege zu erzählen. Die pädagogischen Fachkräfte sollten mit viel Achtsamkeit und Aufmerksamkeit durch den Alltag gehen, um selbst in der Lage zu sein, Lernanlässe zu erkennen und diese in ihrer sinnlichen Schönheit in faszinierende Geschichten für Kinder zu verwandeln.

Praxisbeispiel: Die Obstmahlzeit

In jeder Kindertageseinrichtung gibt es täglich eine Obstmahlzeit. Es ist ein Unterschied, ob den Kindern einfach ein Stück Apfel gereicht wird und sie aufgefordert werden, sauber zu essen. Oder ob man mit ihnen gemeinsam den Apfel aufschneidet, die Kerne entdeckt, die Geschichte des Apfels erzählt und den Geschmack, Saft und Duft beschreibt.

Das ästhetische Konzept unserer Welt lässt sich durch verschiedenste Angebote nachvollziehen. Der Alltag in Kindertageseinrichtungen steckt voller Möglichkeiten und Momente, die nur sorgfältig genutzt werden müssen. Es ist wichtig, dafür zu sorgen, dass es in den Räumlichkeiten an vielen Orten Schönes gibt. Über besondere und schöne Dinge oder besonders liebevolle Gestaltungen zeigen die Erwachsenen, wie gern sie mit den Kindern zusammen sind. Sie richten Lernarrangements her und sorgen bewusst für Momente der Faszination und der Neugier.

Wenn Kinder zeichnen, drücken sie sich aus. Sie kommunizieren mit ihrer Umwelt über das selbst geschaffene Bild. In vielen Kindertageseinrichtungen gibt es Wände, die voller Kritzelbilder sind. Dieses vertiefte Kritzeln hat sicher etwas Entspannendes für das Kind. Aber ist es nicht auch die Aufgabe des Erwachsenen, die bildnerische Ausdrucksform des Kindes in einem gemeinsamen Dialog zu entwickeln? Gemeinsam die Dinge zu betrachten und ganz genau zu untersuchen, hilft Kindern, diese zu verstehen. Die Untersuchung findet im Gespräch statt, wird durch genaue Beobachtung, die Berührung und weitere sinnliche Wahrnehmungen vertieft, um dann durch die detaillierte Wiedergabe auf dem Papier vollendet zu werden.

Das Licht fasziniert uns Menschen besonders. Das mag daran liegen, dass es sich in so vielen Facetten verändern kann. Nutzen wir es also, um Kinder zum ästhetischen Gestalten anzuregen, sie zu begeistern, zu überraschen und mit der Schönheit der Welt vertraut zu machen.

Praxisbeispiele

Muster im Licht

Im »Universum«, einem Raum, der für naturwissenschaftliche Experimente genutzt wird, steht ein Tisch vor dem Fenster, der mit farbigen Plexiglasplatten in A4-Größe bestückt wurde. Dazu kommen Schalen mit Gewürzen, Pflanzenteilen, Blüten, Sand und weiteren vielfältigen Naturmaterialien. Die Kinder können sich an diesen Tisch setzen und mit den Materialien aus den Schalen Muster auf die farbigen Platten legen. Pinzetten kommen zum Einsatz, um die Fingerfertigkeit und Geschicklichkeit zu schulen. Die Platten sind mit Stützen an den Ecken erhöht worden, sodass das Sonnenlicht hindurchscheint und die Materialien auf den Platten Schatten und Muster auf den Tisch projizieren. Diese Schattenmuster lassen sich auf Papier übertragen.

Lichtmuster an der Wand

Der Overheadprojektor wurde mitten im Raum aufgestellt. Die pädagogischen Fachkräfte haben Schalen voller interessanter Materialien danebengestellt: Netze, Drahtgitter, Folien mit Mustern, farbige Plexiglasplatten, Holztiere, Holzautos, Silhouetten von Menschen, Tieren und Fahrzeugen, getrocknete Apfelsinenscheiben, Blätter, Blüten und andere Naturmaterialien. Mehrere Kinder stehen um den Projektor und legen verschiedene Materialien auf die Arbeitsfläche.

Spiegel und Reflexionen

Wie wäre es, einen kleinen Raum in der Kindertageseinrichtung in eine Art Spiegelraum zu verwandeln? Spiegel sind wie Fenster in eine verkehrte Welt. Sie irritieren unsere Wahrnehmung, da sie die Welt verkehrt herum zeigen, und machen Kinder deshalb besonders neugierig. Mit Spiegeln lässt sich allerlei anstellen. Spiegelfolie kann auf den Fußboden geklebt werden, um zu erfahren, wie es ist, wenn der Fußboden sich in stetiger Wiederholung immer weiter öffnet. Spiegel an den Wänden machen einen Raum größer. Das eigene Porträt auf einen Spiegel zu malen, verführt zur genauen Beobachtung.

Im Lichtraum kommen viele technische Geräte zum Einsatz. Der Overheadprojektor, der Mini-Beamer, Taschenlampen und Lichttisch senden Licht aus, sorgen für Beleuchtung, aber auch für Schatten. Sie funktionieren mit Strom oder Batterien und werden über Schalter bedient. Technikkompetenz ist ein wichtiges Lernfeld im Kindergarten. Im Lichtraum lässt sich einiges untersuchen und verstehen.

Das Spiel mit Licht und Schatten irritiert unsere Sinne und lässt die Dinge, die wir zu kennen glauben, plötzlich ganz anders aussehen. Auf diese Weise wird auch in den digitalen Medien agiert. Es ist sinnvoll, Erkenntnisse über die Ungenauigkeit, ja Unzuverlässigkeit der eigenen Wahrnehmung zuerst einmal mit optischen Täuschungen herbeizuführen. Darauf aufbauend kann man dann Fotografien und Filme untersuchen, Werbung als solche entlarven und erste Schritte zum sicheren Bewegen im Internet machen.

Ästhetische Lernmomente fördern die Neugier und den Drang, hinter die Dinge zu schauen. Sie sind dadurch ein besonderer Trigger für kreative Prozesse. Kreativität ist eine der Zukunftskompetenzen für das 21. Jahrhundert und braucht deshalb in den Bildungsinstitutionen einen besonderen Stellenwert.

Lernprojekte dienen dem Verstehen

Projektarbeit[34] stellt eine besonders geeignete Form der Bildungsarbeit dar. In Lernprojekten wird eine einladende und ergebnisoffene Lernkultur gefördert, in der jeder Platz hat. Bei der Bearbeitung von verschiedenen Projekten stehen die Fragen und Ideen der Kinder im Vordergrund. In der Projektarbeit dreht sich alles um die Fragen der Lernenden. Die Erwachsenen sind Begleiter und verzichten darauf eine Frage mit einem Vortrag oder einem kurzen Hinweis zu beantworten. Wir wissen heute so viel über das Lernen der Menschen, dass wir in pädagogischen Prozessen dafür sorgen müssen, dass der Lernende an sein bisher gewonnenes Verständnis der Welt anknüpfen, dass er neues Wissen über den Austausch mit anderen und die in gemeinsamen Diskursen entwickelten Ideen erlangen kann, und dass dieses Wissen besonders gut verinnerlicht wird, wenn es mit eigenen Erfahrungen und den damit verbundenen Emotionen verknüpft wird.

Projektlernen ist keine neue Idee. Im letzten Jahrhundert wurde versucht, Methoden für das Gelingen dieser Lernform in Institutionen zu entwickeln. Um nur ein Beispiel zu nennen: Man sprach in den 1960er-Jahren vom *Inquiery based learning*, dem fragenbasierten Lernen, oder dem *Challenge based learning*, dem Lernen mit Herausforderungen. Diese Ideen sind in die Methode des *Design Thinkings* eingeflossen, welches bis heute eine sehr bewährte Grundstruktur für das Projektlernen anbietet.

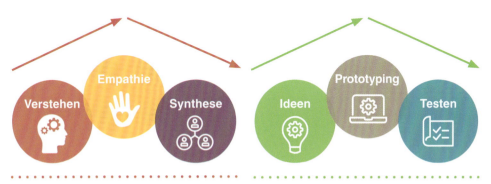

Wie lange ein Projekt dauert, ist unerheblich. Man kann es nicht planen und muss sich darauf einlassen. Alles beginnt mit einer Frage. Es ist wichtig, aus den Fragen der Kinder diejenige herauszuhören, die sich für ein Lernprojekt anbietet. Sie sollte möglichst viele Kinder bewegen, emotional einbinden und neugierig machen. Ist die Frage auf dem Tisch, geht es darum, herauszufinden, was die Kinder schon wissen, welche Erfahrungen sie haben und wie sie darüber denken. Hier bieten sich Diskussionsrunden und der Austausch über Erlebnisse an. Dann stellen die Kinder Hypothesen auf. Sie suchen nach Erklärungen und entwickeln Ideen, die vielleicht zu einer Lösung führen könnten. Im nächsten Schritt kommt man zu der Überlegung, wo oder von wem man etwas zu dem Thema erfahren könnte. Ist man sich hier einig, muss geplant werden, wie man dort hinkommt oder wie man Kontakt zu einer Person bekommt, die befragt werden soll. Mit all diesem Wissen ausgestattet entwickelt die Gruppe eine Idee. Diese Idee wird dann in Form eines Prototyps in die

Realität umgesetzt und präsentiert. Es kann sein, dass eine wirklich gute Lösung gefunden wurde. Es kann aber auch sein, dass die Gruppe von vorn beginnen muss.

Kinder lernen in solchen Verläufen sehr viel über Sachverhalte, Ideen von anderen Menschen und Funktionsweisen von Dingen. Sie lernen aber vor allem das gemeinsame Arbeiten an einem Thema. Dabei erlangen sie soziale Kompetenzen und üben, sich selbst in eine Gemeinschaft einzuordnen. Damit es in Projekten nicht beim Lernen von Fakten bleibt, wird jede Phase des Projektes von Reflexionsschleifen begleitet. Fragen wie: »Was habe ich gelernt?«, »Wie habe ich es gelernt?«, »Mit wem habe ich es gelernt?« sind ein Blick auf das Selbst. Die hier gewonnenen Erkenntnisse lassen sich auf spätere Lernsituationen anwenden. Neben der Bearbeitung der lebensnahen Interessen der Kinder werden auch Kompetenzen für das 21. Jahrhundert wie zum Beispiel Kollaboration, Kommunikation oder Kreativität gefördert. Dies zeigt sich darin, dass in Zusammenarbeit gelernt wird und unterschiedlichste Herangehensweisen an ein Thema integriert werden müssen, damit ein Projekt ein Ergebnis erzielen kann. Dabei lernen Kinder, sowohl anderen zuzuhören als auch ihre Meinung zu äußern.

Praxisbeispiel: Das Koala-Projekt

Die Vorschulgruppe im Kindergarten startete das Koala-Projekt, nachdem die Kinder in den Nachrichten etwas über die verheerenden Waldbrände in Australien erfahren hatten. Im Morgenkreis berichteten die Kinder dem Erzieher, dass sie gesehen hätten, wie Koalas auf den Bäumen, umringt von Feuer, nicht fliehen konnten. Einige Kinder hatten Angst. Manche befürchteten sogar, dass dieses Feuer zu ihnen nach Hause kommen würde. Der Erzieher holte einen Globus und forderte die Kinder auf, herauszufinden, wo Australien liegt. Das war schnell getan. Ein Junge sprang auf und brachte ein Maßband mit. Die Kinder ermittelten die Entfernung zwischen Australien und Deutschland. Sie entdeckten, dass Australien ein Kontinent ist und Deutschland ein Land, das in Europa liegt. Gemeinsam mit dem Erzieher rechneten sie die Entfernung aus. Sie hörten das Wort Maßstab und sahen, wie der Erzieher die gemessene

Entfernung auf dem Globus in die reale Entfernung auf unserem Erdball umrechnete. Sie waren sehr froh zu sehen, dass Wasser zwischen unseren Kontinenten und die Entfernung sehr groß ist. So mussten sie kaum befürchten, dass das Feuer bis zu ihnen kommen werde.

Die Koalas ließen den Kindern keine Ruhe. »Was sollen die Koalas fressen, wenn alles abgebrannt ist?«, fragte ein Mädchen und fing an zu weinen. Ein Junge sagte: »Wir können Essen sammeln und dorthin schicken, dann geht es den Koalas wieder gut.« »Nein, das geht auf gar keinen Fall«, sagte ein anderes Kind. «Man darf Tieren nicht einfach so etwas zu essen geben. Das weiß ich aus dem Zoo. Dort wird darauf aufgepasst, dass die Besucher nicht irgendwas über den Zaun werfen. Wenn die Tiere das fressen, bekommen sie Bauchschmerzen.« »Wir können doch jemanden fragen, was die Koalas fressen können«, meinte das Mädchen. So ging die Gruppe in den Zoo. Wieder zurück, waren die Kinder noch aufgeregter als vorher. Sie hatten von dem Tierpfleger gehört, dass Koalas nur Eukalyptusblätter fressen und dass Eukalyptusbäume immer wieder niederbrennen müssen, damit neue Bäume wachsen. Am nächsten Tag saß die Gruppe zusammen und dachte nach. »Wenn es schon brennen muss, dann doch nicht so doll«, meinte ein Kind. Ein anderes sagte: »Wir können die Feuerwehr fragen, was man hier machen kann. Das schreiben wir auf und schicken es dem Präsidenten von Australien.« Der Erzieher bat die Kinder, mit in das Büro zu kommen, um die Feuerwehr anzurufen und einen Termin festzulegen. Bei der Feuerwehr erfuhr die Gruppe, wie Brände bekämpft werden und worauf man dabei achten muss. Gemeinsam mit dem Erzieher wurde ein Brief geschrieben und gemalt. Aber wie findet man die Adresse des Präsidenten heraus? Die Kinder lernten, was eine Botschaft ist, und durften sogar in die Botschaft von Australien gehen, um ihren Brief zu übergeben. Am Ende haben sie die Patenschaft für einen Koala übernommen.

Projektschritte[35]

1. Was wollen wir wissen?
In einem ersten Schritt wird das von den Kindern gewählte Thema in eine möglichst präzise Fragestellung umgewandelt. Die Fragestellung ist grundlegend für die Bearbeitung und gibt den Kindern einen wichtigen Hinweis auf das angestrebte Ziel.

2. Was denken wir darüber?
Im zweiten Schritt sammeln die Kinder alles, was sie bereits zum Thema wissen, und welche Vermutungen sie haben. Beginnend mit einer Ahnung oder Annahme beschreiben die Kinder ihre Sichtweisen und entwickeln Ideen, die übergehen in Hypothesen zum ausgewählten Thema. In Kleingruppen oder in der großen Gruppe diskutieren die Kinder über die Frage und erarbeiten mögliche Antworten.

Anschließend können die verschiedenen Annahmen in einige zentrale Thesen übersetzt werden, die zur Projektdokumentation verschriftlicht werden. Während des Projektes wird dieser Schritt gemeinsam mehrfach wiederholt, sodass sich Thesen immer besser fassen lassen. Die Idee dahinter ist, dass sich durch die Zeit der Zusammenarbeit weitere Fragen und Überlegungen ergeben, die helfen, Thesen genauer zu formulieren.

3. Wo erfahren wir etwas darüber?
Hier geht es darum, mit den Kindern zu überlegen, wo sie Informationen in Bezug auf die Antwort der Ausgangsfrage bekommen, und ein eigenes Erleben und praktisches Erkunden vor Ort zu fördern.

Dazu können Ideen und Vorschläge gesammelt werden, die von den Kindern eingebracht wurden und praktische Möglichkeiten beinhalten, die helfen, die Leitfrage des Projektes zu bearbeiten.

Darauf aufbauend wird ein Schwerpunkt gesetzt und entschieden, welche Vorschläge und praktischen Möglichkeiten umgesetzt werden können.

Damit die Kinder verschiedene Aktivitäten besser planen können und einen Überblick erhalten, wird ein Zeitplan erstellt, der die Verantwortlichkeiten der verschiedenen beteiligten Akteure widerspiegelt.

Durch eine kritische Auseinandersetzung werden weiterhin technische Geräte ermittelt, die gebraucht werden, und Ideen auf den Prüfstand gestellt. In dieser Phase wird auch darüber entschieden, ob Eltern, Fachleute oder andere Dritte aktiv in das Projekt eingebunden werden. Daran anschließend wird darüber entschieden, ob andere Lernorte aufgesucht werden müssen.

4. Was wissen wir jetzt?
Am Ende des Projektes geht es darum, das gewonnene Wissen zu dokumentieren, vor dem Hintergrund »Wir haben gelernt, dass …«.

Zusammenfassung

Die Kompetenzen des 21. Jahrhunderts werden auch für den Kindergarten und die Vorschule immer wichtiger. Sie sind eine zentrale Voraussetzung für soziale Teilhabe und optimale Bildungschancen. Die Gestaltungsmöglichkeiten in der digitalen Welt sind eng damit verknüpft, wie viel Wissen Menschen darüber haben, wie digitale Geräte arbeiten, wie Programmierung funktioniert und was das Internet alles kann. Der Kindergarten macht den Anfang, die Kinder darauf vorzubereiten. Dabei spielt die Grundhaltung der pädagogischen Fachkräfte eine ganz wesentliche Rolle. Bildung braucht klare Ziele und eine gemeinsame inhaltliche Ausrichtung der Pädagogen.

Die vorgestellten methodischen und didaktischen Vorschläge fördern die beschriebenen Kompetenzen des 21. Jahrhunderts und helfen bei der Etablierung einer entsprechenden pädagogischen Haltung. Kritische Reflexion, innovatives und kreatives Denken, Kommunikation und Kollaboration werden künftig ein integraler Bestandteil des pädagogischen Auftrages des Kindergartens sein. Mit den exemplarisch beschriebenen Methoden und Ansätzen für das Lernen in der digitalisierten Welt möchte ich Pädagogen motivieren und inspirieren. Sie sollen ermutigende Impulse für die Entwicklung eigener Ideen und Wege sein.

04

Der Kindergarten als Lernlabor

Vorschläge für ein Raumkonzept

Digitale Technologien verändern Lebensrealitäten und damit langfristig auch die Arbeitsweisen von Bildungsinstitutionen. Letztlich führt dies auch zu neuen Raumkonzepten. Bildungsangebote zu gestalten bedeutet, sinnvolle Lernräume zu gestalten. Im pädagogischen Kontext spricht man vom Raum als »drittem Erzieher«.[36] Räume stellen Beziehungen her und bieten entwicklungspsychologische Anreize, mit dem Fokus auf zu entwickelnde Fähigkeiten der Kinder. Für Lernprozesse, die Kreativität, Eigeninitiative und soziales Erfindertum fördern sollen, spielt die Raumgestaltung eine entscheidende Rolle.

Der Kindergarten wird zu einem Raum, in dem zusammen geforscht, entdeckt und experimentiert wird – er wird zum Lernlabor. Der »Kindergarten als Lernlabor« bezeichnet eine anregende Lernumgebung, in deren Fokus selbstorganisiertes, entdeckendes und aktives Lernen im Zentrum stehen. Neben vielfältigen und unterschiedlichen Materialien finden sich sowohl Werkzeuge als auch Alltagsgegenstände, die zum Ausprobieren und Entdecken anregen. Die vielfältigen Materialien entsprechen dem jeweiligen Entwicklungsstand der Kinder und werden vom Pädagogen in der Lernbegleitung sinnvoll eingesetzt.

> *»One can talk about the makerspace in a kindergarten as an open laboratory, where all materials, all media and all tools can be used and investigated together.«*[37] *(Klaus Thestrup & Sarah Robinson)*

In den vergangenen Jahren habe ich mit unterschiedlichen Formen der Raumgestaltung experimentiert und mit den Pädagogen viel über eigene Beobachtungen und Erfahrungen diskutiert. Am Ende waren wir uns darüber einig, dass es wenig sinnvoll ist, sich auf die Einrichtung spezieller Räume zu konzentrieren, sondern dass es im Gegenteil um integrierte Formen des digitalen Lernens geht.

Was sind Makerspaces?

Als Makerspaces[38] werden (meist öffentlich zugängliche) Kreativräume und Werkstätten bezeichnet, in denen vielfältige Materialien und technische Geräte zur Umsetzung von gemeinsamen Projektideen bereitgestellt werden.

Der Makerspace als Ort des Lernens sollte mit Materialien angereichert sein, die Kinder anregen, sich aktiv mit verschiedenen Aspekten der Digitalisierung auseinanderzusetzen: So gibt es neben Werkzeugen und Maschinen auch Kabel, Schalter, leitendes Kupferklebeband und Roboter. Dabei sollte die Technik so in das vorhandene Raumkonzept integriert werden, dass die Kinder sie als sinnvolle Bereicherung ihres Spiels nutzen, um so einen verantwortungsbewussten Umgang mit digitalen Medien zu entwickeln.

Kinder stellen sich in diesen pädagogischen Settings besonderen Aufgaben, entwickeln eigene Projektideen und Fragestellungen, die sie untersuchen und lösen können, indem sie bauen, basteln, konstruieren, programmieren und gestalten. Aber Makerspaces dienen nicht nur der Entwicklung von Projekten, sondern sind auch ein Ort für die Präsentation von Ergebnissen.

Ein Makerspace im Kindergarten ist nicht unbedingt ein eigenständiger Raum. Die Funktionen und Möglichkeiten, die ein Makerspace bietet, lassen sich auch in das klassische Raumkonzept von Kindergärten integrieren. Beispielsweise könnte im Kindergartenatelier eine Ecke für die Arbeit mit Strom und Motoren eingerichtet werden. Im Bauraum können ein programmierbarer Roboter, Pappkartons und Plastikschrauben sowie Lego-Mechanik oder Lego-Wedo-Kästen zum Spielen einladen. Digitale Medien finden in unterschiedlichen Bildungsbereichen ihren Platz. Digitale Rechenspiele zur Förderung der mathematischen Kompetenz oder Buchstabenspiele für die frühe Sprachförderung lassen sich auf einfache Weise im Gruppenraum integrieren.

Außerdem wichtig: Im Kindergarten sollten Tablets zur Informationsrecherche in verschiedenen Wissensbereichen vorhanden sein – aufgeladen und für die Kinder frei zugänglich.

Makerspaces sind pädagogische Orte, beispielsweise in Schulen und Kitas, an denen Kreativität und Produktivität zusammenkommen. Damit dies gelingt, braucht es eine bestimmte Haltung, ein bestimmtes Mindset: die *Maker-Mentalität*. Dieser Begriff beschreibt auch eine Haltung, in der es nicht um die Vermeidung von Fehlern geht, sondern um den produktiven Umgang mit ihnen.

> *»The Maker Mentality is when a person can create meaningful connections and demonstrate understanding through making. Connections can be made through physical objects, thoughtful and constructive conversations, digital creations, and whatever else a person can think of that allows them to demonstrate understanding. Every student, teacher and administrator in a school and district plays a distinct role in the Maker Mentality and, together, they create the environment that is conductive to growth for all stakeholders.«*[39]
>
> (Nicholas Provenzano)

Entwickeln, erproben, vielleicht verwerfen – weitermachen und ein eigenes Produkt erstellen, darum geht es in Makerspaces.

Fehlermutigkeit als wichtige Säule der Maker-Mentalität

Fearlessness[40], hier mit Fehlermutigkeit übersetzt, ist ein zentraler Bestandteil moderner Pädagogik und eine wesentliche Säule der Maker-Mentalität.

Die Angst vor dem Scheitern scheint etwas mit dem Größerwerden zu tun zu haben. Während man kleine Kinder dabei beobachten kann, wie sie wieder und wieder aufstehen, nachdem sie hingefallen sind, sich also einfach auf sich selbst konzentrieren und ihrem Drang folgen, etwas lernen und erreichen zu wollen, zeigen Kinder im Alter von drei bis vier Jahren, dass sie manchmal Angst haben zu scheitern. Auch für Eltern und pädagogische Fachkräfte ist die Angst vor dem Scheitern oder davor, Fehler zu machen, ein stetiges Thema.

Der Begriff Fehlermutigkeit meint ein Lernprinzip, das darauf beruht, dass man etwas tut, versagt, daraus lernt und etwas wieder tut. Auch die Kompetenz, Dinge zu durchdenken, Hypothesen aufzustellen und diese zu testen, spielt dabei eine Rolle. Nicht nur das Ergebnis erzählt. Der Schwerpunkt liegt auf dem Prozess, der das Scheitern positiv einbezieht und durch Wiederholungen auf stetig variierten Wegen zu neuem Wissen und neuen Fähigkeiten führt.

Übertragen auf das pädagogische Handeln bedeutet dies, eine Lernumgebung zu schaffen, in der es möglich ist, Fehler zu machen und aus diesen zu lernen. Carol Dweck[41] fordert deshalb, dass sich pädagogisches Handeln auf die Stärkung einer »wachstumsorientierten Einstellung« bei Kindern ausrichtet, da diese ihnen die Möglichkeit bietet, Widrigkeiten oder sogar Scheitern als Möglichkeit der Verbesserung und Entwicklung zu betrachten. Pädagogen könnten diese innere Wachstumsorientierung bei Kindern stärken, indem sie die Anstrengungen der Kinder anerkennen und gezielt loben.

Maker-Mentalität erfordert die Fähigkeit und die Bereitschaft, Gegebenheiten zu hinterfragen und neu zu gestalten. Doch mitunter fehlt es auch Pädagogen an Innovationskraft und Kreativität. Dann wird zu häufig auf Bewährtes zurückgegriffen und zu wenig Neues ausprobiert – und anstelle der Betonung des Prozesses scheint es eine Besorgnis über das Endprodukt zu geben. Auch steht mitunter das einzelne Kind oder ein einzelnes Produkt zu sehr im Fokus der Aufmerksamkeit, anstatt die Aufmerksamkeit auf ein gemeinsam kreiertes Produkt zu lenken. Doch besonders hier muss aktiv angesetzt und reflektiert werden.

Pädagogen sind großartig darin, in der Praxis schnelle Lösungen zu finden, wenn die Situation es erfordert. Ebenso braucht es aber auch Pädagogen, die sich gemeinsam mit den Kindern die Zeit nehmen, über etwas nachzudenken, es auszutesten, Skizzen zu machen und Prototypen herzustellen.

Natürlich möchten Pädagogen gerne auf alles vorbereitet sein. Ob beim Malen oder bei Bewegungsangeboten – am besten sollte alles immer gut geplant sein und glatt laufen. Dieses Vorgehen von Erwachsenen führt dazu, dass Kinder den Eindruck haben, dass es keinen Platz für Fehler gibt. Daher ist es wichtig, dass Pädagogen genau dann präsent und sensibel reagieren, wenn Fehler gemacht werden oder etwas eben nicht funktioniert hat. Wenn der 3-D-Drucker ein unansehnliches Gebilde statt des geplanten Lego-Blocks produziert oder wenn der Roboter, mit dem die Kinder spielen wollten, nicht das tut, was sie sich vorgestellt haben, genau dann ist es wichtig, dass Erwachsene die Zeit aufwenden, mit den Kindern über die Situation zu reflektieren und gemeinsam mit ihnen neue Handlungsmöglichkeiten zu entwickeln. Pädagogen sollten besonders diese Chance nutzen, um gemeinsam mit den Kindern zu erforschen, was die Ursache des Problems gewesen sein könnte, und eine Lösung zu finden. Wer Fehlermutigkeit bei Kindern fördern möchte, muss selber ein »fehlermutiger Erwachsener« sein, der in der Lage ist, die eigenen Fehler als Lernchancen zu sehen und sie als natürlichen Teil einer lebendigen Entwicklung zu betrachten.

Feedbackkultur im Makerspace

Feedback bedeutet Rückmeldung und entsteht, wenn eine Person einer anderen Person mitteilt, wie ihr Verhalten erlebt wird. Ziel ist es, die Aufmerksamkeit darauf zu lenken, was gut gemacht wurde und/oder was noch besser gemacht werden kann. In Bezug auf unser berufliches und persönliches Handeln hat Feedback einen großen Einfluss auf unser Selbstverständnis, unsere Selbsteinschätzung und unsere Fähigkeiten.[42]

Richtig gegebenes Feedback erhöht die Entwicklungschancen des Empfängers sowie die Chance auf eine gute Beziehung zwischen Absender und Empfänger. Es hilft bei der Gestaltung der nächsten Aktion oder Reaktion.

Gutes Feedback macht eine gute Beziehung noch besser. Schlecht gegebenes Feedback schädigt die Beziehung. Wenn ein Pädagoge gut Feedback geben kann, dient er damit auch Kindern als Vorbild.

Nach James Nottingham sollen beim Feedback im pädagogischen Kontext folgende Fragen beachtet werden:

- Was will ich/was wollen wir erreichen?
- Wie weit bin ich/wie weit sind wir bisher gekommen?
- Was soll als Nächstes getan werden?[43]

Feedback, das nach diesen Leitfragen gegeben wird, kann zu einem sehr effektiven – oder nach Einschätzung von Nottingham sogar dem effektivsten – Weg werden, um Leistung zu fördern.[44] Wenn Kinder sich gegenseitig Rückmeldung geben, unterstützen sie einander und lernen voneinander. Zudem lernen sie dabei, gute Gesprächspartner füreinander zu werden.

Die aktive Teilnahme von Kindern an Gesprächen fördert das Lernen, laut Nottingham ist Dialog ein Denkwerkzeug. Im Laufe ihrer Entwicklung entdecken Kinder, dass ihre Probleme, Einschätzungen und Beziehungen immer komplexer werden.[45] Die kommunikative Kultur des Dialogs ist für Kinder eine wichtige Unterstützung, um über die komplexen Fragen nachzudenken, die entstehen, wenn Kinder an einem Projekt arbeiten oder ein Spiel aufbauen. Hierbei profitieren sie mehr von der Aktivität, wenn Erzieher den Dialog als wichtigstes Element der Aktivität anführen. Pädagogen fungieren als Vorbilder, dies gilt auch bei der Entwicklung einer Feedback-Kultur. Es ist ein heikles Balancieren, Rückmeldung zu geben und zu erhalten. Ein Feedback beinhaltet neben den verbalen sprachlichen Rückmeldungen auch nonverbale Elemente.[46] Es kann ein Kopfnicken sein, ein Augenzwinkern, ein Zeichen mit dem Finger oder etwas Ähnliches.[47] Alle Reaktionen von anderen können als Feedback, positiv oder negativ, gedeutet werden. Daher ist es insbesondere wichtig, Kindern zu zeigen, wie sie qualitativ hochwertiges Feedback geben können und dabei auf die Körpersprache achten. Damit Feedback möglichst gut funktioniert, muss eine gute, auf Vertrauen basierende Kultur vorhanden sein.

Zusammenfassung

Die Einrichtung von Makerspaces in Kindergärten und Schulen, in denen die Kinder mit einfachen technischen Dingen tüfteln und experimentieren können, bietet eine große Chance, um einen geübten pädagogischen Umgang mit bisher ungewöhnlichen Materialien wie Kupferklebeband, LED-Lämpchen, Lötstationen, Miniprozessoren und 3-D-Druckern zu entwickeln. Ich empfehle, dass jeder Kindergarten und jede Schule einen Mini-Makerspace einrichtet oder dessen Elemente in das bestehende Raumkonzept integriert.

Der hohe Anteil von aktiven, spielerischen und kreativen Lernformen im Kindergarten findet aktuell in den pädagogischen Publikationen immer mehr Beachtung. Ein Beispiel dafür ist eine Veröffentlichung von Mitchel Resnick[48], der seine Kernthese wie folgt formuliert:

»Kurz gesagt, die Kindergartenzeit wird wie die restliche Schulzeit. In diesem Buch plädiere ich für das genaue Gegenteil: Ich vertrete die Auffassung, dass die restliche Schulzeit, ja unser restliches Leben, sich eher am Vorbild Kindergarten orientieren sollte.«[49] *(Mitchel Resnick)*

Es braucht Träume, Fehlermutigkeit, Leidenschaft, Inklusion, Hacking, Storytelling, Kunst und Authentizität, um nur einiges zu nennen. Der Einsatz von digitalen Medien und einfachen technischen Dingen zum Tüfteln und Experimentieren bietet eine große Chance, um die Schlüsselkompetenzen für ein zukünftiges Leben als verantwortlicher Mitbürger in einer sich ständig weiterentwickelnden menschlichen Gesellschaft schon in der frühen Kindheit zu erlernen.

05

Empfehlungen für die Praxis

So gelingt die Einführung digitaler Medien in Kita und Schule

Für Kindergärten und Schulen ist es ein großer Schritt, den sie gehen müssen, um sich an die Digitalisierung ihres pädagogischen Alltags heranzuwagen. Es ist nicht damit getan, diverse teure Geräte und digitale Spielsachen anzuschaffen. Diese müssen sinnvoll ausgewählt und von allen Pädagogen akzeptiert und angewendet werden können. Die Eltern müssen überzeugt sein und ihre Bereitschaft bekundet haben, den Veränderungsprozess mitzugestalten. Bevor es losgehen kann, braucht es viel Diskussionen im Team. Einzelne Teammitglieder sollten zu Schulungen gehen und ihre neu gewonnenen Erkenntnisse mit den Kollegen teilen. Es braucht die Entwicklung eines Konzeptes, welches sehr genau darüber Auskunft gibt, was verändert werden soll, was Bestand hat und welche Neuerungen eingeführt werden. Die Einführung von digitalen Medien in den Alltag des Kindergartens oder der Schule ist ein Veränderungsprozess, der gut organisiert und begleitet werden muss. – Hier ist die Leitung gefragt.

Hinweise für Träger von Kindergärten und Schulen

Träger von pädagogischen Einrichtungen sind häufig für mehrere Kindergärten oder Schulen verantwortlich. Mit pädagogischen Einrichtungen ist es wie mit den Menschen, jede ist besonders und auf einem anderen Stand der inhaltlichen Entwicklung oder Teambildung. Die Konzepte der Einrichtungen unterscheiden sich genauso wie die Menschen, die in ihnen arbeiten.

Wird auf Trägerebene der Entschluss gefasst, die pädagogische Arbeit auf die Anforderungen einer zunehmend digitalisierten Gesellschaft auszurichten, gibt es einiges zu beachten. Zuerst sollte eine Arbeitsgruppe gegründet werden, in der Mitarbeiter aus den Einrichtungen des Trägers zusammenkommen. Diese Arbeitsgruppe erstellt ein Grundsatzpapier und stellt Kriterien für den Einsatz digitaler Medien im pädagogischen

Die Zukunft ist jetzt – Leitlinien zum Umgang mit digitalen Medien

Wir wissen, dass digitale Medien Teil unserer Lebenswelt sind.

Wir sind neugierig, kritisch im Denken und kreativ. So nutzen wir auch digitale Medien.

Wir verstehen digitale Medien und setzen uns aktiv mit den aktuellen Entwicklungen auseinander.

Digitale Medien sind Werkzeuge, die unsere Arbeit erleichtern.

Es reicht uns nicht, digitale Medien in ihrer vorgegebenen Art zu nutzen. Wir setzen sie als aktive Produzenten zur Umsetzung unserer eigenen Ideen ein.

Wir fördern eine kritische Auseinandersetzung mit der Nutzung der digitalen Medien.

Wir verstehen, wie das Internet funktioniert, und nutzen es für unsere Zwecke. Dabei respektieren wir die Persönlichkeitsrechte und die Privatsphäre anderer.

Wir haben uns bewusst gemacht, dass die digitale Technik unser Zusammenleben und unsere Lebenskultur nicht ersetzen kann und soll.

Alltag auf. Dies wird dann zuerst einmal mit den Teams vor Ort diskutiert. Sind alle bereit und in der Lage, die Grundsätze zu akzeptieren, kann ein Maßnahmenplan aufgestellt werden.

Die Digitalisierung unseres gesellschaftlichen Lebens verursacht bei vielen Menschen Ängste und Befürchtungen. Davon sind auch Erzieherinnen und Eltern betroffen. Es ist die Aufgabe von Trägern, diese Ängste ernst zu nehmen und mit fundiertem Wissen und Fakten für Sicherheit zu sorgen.

Sorgen von Eltern
- Kinder sitzen den Tag über vor dem Bildschirm,
- Kinder lernen nicht mehr richtig sprechen, wenn sie nur noch vor dem Bildschirm sitzen,
- Kinder bekommen schlechte Augen,
- Kinder spielen nicht mehr miteinander,
- Kinder werden faul und träge und können nachts nicht mehr richtig schlafen.

Sorgen von Pädagogen
- Ich verstehe diese Technik nicht, wie soll ich da verstehen, was die Kinder damit machen,
- ich kann nicht erklären, wie der Computer funktioniert,
- ich fühle mich überfordert von den neuen Aufgaben,
- die Kinder sitzen doch schon zu Hause den gesamten Tag vor dem Bildschirm, warum denn jetzt auch noch im Kindergarten?

Alles beginnt mit einem Grundsatzpapier

In einem Grundsatzpapier zur Einführung der Bildungsarbeit mit digitalen Medien müssen diese Ängste Berücksichtigung finden.

In so einem Papier muss darauf eingegangen werden, dass der Kindergarten das Lernen in der realen Welt priorisiert, dass er digitale Medien niemals als Ersatz für die soziale Beziehung einsetzt und niemals die Verantwortung an ein digitales Gerät abgibt. Stattdessen werden digitale Geräte als Werkzeuge in Lernprozessen eingesetzt. Das kann das Mikroskop sein, welches es möglich macht, das Pfützenwasser genauer zu untersuchen. Es kann die Kamera sein, mit der Kinder ein Gedicht aufzeichnen und illustrieren können. Das kann eine App sein, die es möglich macht, im Kindergarten mit Green-Screen-Technik zu arbeiten.

Sind diese grundsätzlichen Fragen geklärt, macht sich die Arbeitsgruppe daran, einen Maßnahmenplan zu entwickeln.

Den Anfang finden

Es ist nicht leicht, einen Anfang zu finden. Daher ist es wichtig, genaue Überlegungen dazu anzustellen, wie ein erster Schritt aussehen kann, der für alle ein leichter Einstieg ist und der die Beteiligten begeistert und nicht überfordert. Ich empfehle deshalb, dass eine trägerübergreifende Arbeitsgruppe den Einrichtungen einen Leitfaden zur Erstellung eines Maßnahmenplans zur Verfügung stellt und jede Einrichtung ihre Schritte selbst wählen kann.

Die ersten Schritte sollten daran gebunden sein, ein sowieso geplantes Projekt mit einem digitalen Gerät zu ergänzen. Es ist eine gute Idee, zuerst einmal einen Morgenkreis mit dem Tablet aufzuzeichnen und die Aufzeichnung mit Kindern und Pädagogen anzusehen. Es kann ein Anfang sein, mit der App PicCollage Tagesdokumentationen für die Eltern zu erstellen oder Ähnliches. Wer hier gute Erfahrungen macht, kann sich daran trauen, die BeeBots einzusetzen. Es gibt so viele Möglichkeiten, mit den BeeBots zu arbeiten. Das Material regt die Kreativität der Erzieherinnen an und lässt sich in fast alle Angebote einbinden. Auf diese Weise eignet sich ein Kindergartenteam immer mehr Wissen und Erfahrung über den Einsatz digitaler Medien im Alltag an. Ich empfehle deshalb auch, die Beschaffung der Materialien zu staffeln und unbedingt darauf zu verzichten, den Kindergarten mit einer großen Menge an digitalen Dingen zu überfrachten.

Man kann im Träger auch eine Bibliothek einrichten, die sehr viele Materialien bereitstellt und diese unter den Einrichtungen verleiht. Beim Einsatz digitaler Medien in der Frühpädagogik sollten die Entscheidungen für oder gegen ein Material oder Vorgehen immer anhand der folgenden drei Kriterien überprüft werden:

Ein Material oder Vorgehen ist richtig, wenn es nicht ...

- das Lernen in der realen Welt ersetzt,
- die soziale Beziehung ersetzt,
- die Verantwortung von den Menschen wegnimmt.

Die Bildungsstrategie für die pädagogischen Akteure

Für jede Organisation und jeden Träger ist es empfehlenswert, dass eine Bildungsstrategie für die Arbeit mit digitalen Medien entwickelt wird. Diese Strategie beantwortet folgende Fragen:

- Wie wird der Wissensaustausch im Träger organisiert?
- Welche Lernmaterialen werden verwendet?
- Welche Lerntechnologien werden gebraucht?
- Welche Kompetenzen sollten von den Pädagogen entwickelt werden?

Da die praktische Arbeit mit digitalen Technologien im Kindergarten für viele Pädagogen eine Herausforderung darstellt, ist es wichtig, dass Organisationen oder Träger Bedingungen schaffen, unter denen sich die Mitarbeiter professionell begleitet, gesehen und ernst genommen fühlen. Die Einführung digitaler Medien in die Bildungsarbeit des Kindergartens erfordert vor allem eine Kompetenzentwicklung des Managements.

Die Aufgabe der Leitung in Veränderungsprozessen

Das Führen von Teams im pädagogischen Bereich ist an und für sich schon eine sehr herausfordernde Aufgabe. Die Veränderungen im pädagogischen Alltag durch die Einführung digitaler Technologien zu steuern, erhöht die Komplexität der Arbeit von Leitungskräften im Kindergarten. Von den Leitungskräften wird das Managen einer Veränderung verlangt. Meist haben sie darin keine Ausbildung oder berufliche Erfahrung. Die Träger sollten zu diesem Thema Schulungen organisieren. Findet dies nicht statt, fühlen sich Leitungen von Kindereinrichtungen schnell überfordert oder allein gelassen.

Auf der anderen Seite erfordert es Mut und Offenheit von Leitungen für technologische Themen, wollen sie in ihrem Kindergarten die Arbeit mit digitalen Medien voranbringen. Leitungen mit einer kreativen und veränderungsbereiten Persönlichkeitsstruktur sind hier im Vorteil. Andere brauchen Hilfsstrukturen vom Träger oder eine sicherheitsgebende Kooperation mit einer Kollegin aus einer anderen Einrichtung.

Jede Leitung sollte aktiv an der Entwicklung und Umsetzung von pädagogischen und didaktischen Methoden hinsichtlich der Arbeit mit neuen digitalen Technologien arbeiten, dabei das Team einbeziehen und gezielt Erfolge einzelner Teammitglieder honorieren.

Es ist eine besondere Herausforderung, im Team über die Einführung von Zukunftstechnologien zu sprechen – ohne dass die Zukunft klar definiert und strukturiert erkennbar ist. Diese Herausforderung meistert der Kindergarten seit seiner Geburtsstunde. Durch die Herausforderungen der zunehmenden Digitalisierung unserer Gesellschaft werden die Pädagogen wieder daran erinnert. Ich empfehle den Leitungen bei der Implementierung neuer Ideen und Methoden, besonders auf Widerstände oder Ängste einzelner Teammitglieder zu achten und dadurch mögliche Dissonanzen zu erkennen.

Um Engagement und Motivation zu entwickeln ist es hilfreich, um technikaffine Mitarbeiter herum kleine Mentoring-Gruppen aufzubauen, in denen jeder Pädagoge seine Stärken einbringen kann. Diese Gruppen ergänzen einander und arbeiten sich gegenseitig ein. Sie präsentieren im Team ihre Arbeitsergebnisse und diskutieren darüber. Zögerliche Mitarbeiter in einem Team sind wertvoll, da sie häufig einen genaueren Blick auf Details haben und so rechtzeitig vor Fehlern oder Irrwegen warnen können. Es bietet sich an, in Teammeetings regelmäßig über die Ergebnisse der Arbeit zu sprechen und dem gesamten Team die Möglichkeit zu geben, sich gegenseitig zu beraten.

Die meisten Pädagogen haben die Pädagogik nicht gewählt, weil sie Wissenschaft oder Technologie lieben. Daher ist es folgerichtig und normal, dass sie Argumente finden, warum digitale Medien nicht in einer Kindergruppe implementiert werden sollten. Es ist eine wichtige Aufgabe der Leitung, diese Meinungen anzuerkennen und in einem dialogischen Miteinander im Team Raum und Sicherheit für jeden zu schaffen.

Besonders am Anfang ist es eine gute Idee, Eltern und Kolleginnen die Möglichkeit zu geben, neue Technologien kennenzulernen. Das kann dadurch geschehen, dass Mitarbeiter zu Fortbildungen und Konferenzen gehen dürfen und im Nachgang im Team über die Erlebnisse und Erfahrungen berichten.

Trägerweit durchgeführte Technikwettbewerbe sind ebenfalls eine gute Möglichkeit. An einem solchen Wettbewerb können alle Einrichtungen des Trägers teilnehmen und sich gegenseitig zeigen, wie weit sie schon mit der Umsetzung der neuen Ideen sind. An solchen Tagen erleben die Mitarbeiter, dass es in anderen Einrichtungen ähnliche Probleme gibt wie in der eigenen Einrichtung. Sie sehen, wie andere mit Fehlern umgehen, und erfahren, dass Fehler zum Lernen und zu Veränderungen dazugehören.

Für die Eltern ist es sehr interessant und hilfreich, wenn der Kindergarten zu einem Elternabend einlädt, an dem die Eltern die Materialien ausprobieren und die damit durchgeführten Bildungsprojekte sehen können.

Groß und Klein lernen gemeinsam

Das Bild vom allwissenden Erwachsenen, der sein Wissen an die Kinder weitergibt, verblasst angesichts der rasant voranschreitenden Digitalisierung. Erwachsene können längst nicht mehr jede Kinderfrage beantworten und entwickeln sich mehr und mehr zu mitlernenden Begleitern der Kinder. Bildungsprojekte im Kindergarten sehen nun so aus, dass Pädagogen und Kinder gemeinsam herauszufinden versuchen, wie das Bild vom Computer in den Drucker kommt, wie das Internet aufgebaut ist oder wie eine Green-Screen-App funktioniert. Diese neue Lernwelt gibt den Kindern viel Selbstbewusstsein und verschafft den Pädagogen viel Erleichterung. Es macht beiden Seiten Freude zu sehen, wie Klein und Groß gemeinsam über eine Erkenntnis staunen. Diese Veränderung hat auch Auswirkungen auf die Führungskultur in den Einrichtungen.

Die Leitung, die immer auch daran denken muss, ein Vorbild zu sein, wird nun gemeinsam mit den Mitarbeitern »fehlermutig«, wenn es darum geht, digitale Technologien zu verstehen und anzuwenden. Mitarbeiter werden dadurch mutiger und kreativer. Sie entwickeln eigene Ideen und Projekte, die wiederum von der Leitung und von anderen Teammitgliedern anerkannt und bewundert werden. So entsteht eine neue Lernkultur, mit den entsprechenden Rahmenbedingungen, die für Erwachsene wie auch für Kinder von Vorteil ist.

Praxisbeispiel: Das Zögern von Elisabeth

Die Erzieherin Elisabeth ist seit 40 Jahren im Fach. Sie kann nicht verstehen, warum die Kita nun auch noch digitale Technologien in die Praxis integrieren soll. Solche »modernen Sachen« würden nur den Kindern schaden, sagt sie. »Sitzen die Kinder nicht schon genug vor Tablets oder vor einem Bildschirm zu Hause?«

Der Kitaleiter weiß von Elisabeths Begeisterung für die Natur und den Wald. Deshalb bittet er einen technikaffinen Pädagogen, Elisabeth die Verwendung des elektronischen Mikroskops zu zeigen. Elisabeth ist begeistert. Sie nimmt das Mikroskop mit zum nächsten Waldausflug. Auf dem Weg ist eine Pfütze, in der die Kinder mit Stöckern herumstochern. Sie wollen wissen, wie tief die Pfütze ist. Bald stellt sich heraus, die Pfütze ist flach, und die Kinder laufen mit ihren Gummistiefeln durch das Wasser. Elisabeth schlägt vor, die Pfütze in Ruhe zu lassen und sobald das Wasser sich beruhigt hat, mit dem Mikroskop das Wasser zu untersuchen. »Vielleicht sehen wir kleine Tiere im Wasser.« Elisabeth schaltet nicht nur das Mikroskop ein, sie startet auch die Filmfunktion. Mit Bedacht wird das Mikroskop über die Wasseroberfläche gehalten. »Ein Wurm, ein Wurm!«, ruft Anton. Und tatsächlich, als Elisabeth den Film noch einmal abspielt, können alle Kinder sehen, wie ein Wurm sich durch das Wasser schlängelt. Elisabeth nimmt sich vor, am nächsten Elternabend diese Geschichte zu erzählen und den Eltern den Film zu zeigen. Sie ist sehr froh, denn sie hat jetzt besser verstanden, welche Chancen in den digitalen Medien stecken. Trotzdem würde sie nicht alles einfach so benutzen. »Es muss schon Sinn für die Kinder ergeben«, sagt sie zu ihrem Kitaleiter. Der gibt ihr Recht.

Action Learning ist für Erwachsene eine wirksame Lernmethode

Beim Action Learning geht es darum, durch Handlungen zu lernen und neu gewonnene Kompetenzen in der Praxis weiterzuentwickeln. Diese Methode hat den Vorteil, dass sie zur Evaluierung und Unterstützung von Bildungsprozessen genutzt werden kann, dass sie Reflexion fördert und sich so sehr gut dafür eignet, die pädagogische Praxis in Kindertageseinrichtungen weiterzuentwickeln.

Lernen ist ein sozialer Prozess, der eine intensive zwischenmenschliche Kommunikation braucht, sowie die Selbstmotivation des Lernenden. Beides bedingt sich wechselseitig. Damit ein Lernender einen Lernstoff verstehen kann, muss er diesen mit seinen vorherigen Erfahrungen und seinem Vorwissen verknüpfen. Außerdem ist es sehr hilfreich, neues Wissen praktisch anzuwenden und zu verinnerlichen und zu festigen.

Die Methode des Action Learning geht von diesen Prämissen aus. Die Erfahrungen des Lernenden werden gezielt genutzt, um neues Wissen anzuknüpfen. Dies geschieht mittels Lerneinheiten mit theoretischem Schwerpunkt. Nach so einer Lerneinheit begibt sich der Lernende in die Praxis und versucht, das Gelernte in seine bereits gelebten Routinen einzubauen und dabei neue Erfahrungen zu machen. Diese neuen Erfahrungen werden reflektiert. Dazu ist es notwendig, dass Kollegen oder Leitungspersonen sich Zeit für den Lernenden nehmen und mit ihm über seine Erfahrungen sprechen. Diese Erfahrungen können positiver wie auch negativer Natur sein, das spielt für den Lernerfolg keine Rolle. Wichtig ist, dass darüber gesprochen wird.

Action Learning ist eine erfahrungsbasierte Gruppenmethode, die eine positive Lernkultur fördert und sogar zur Entwicklung der gesamten Organisation beitragen kann.

Beim Action Learning folgt auf die Vermittlung theoretischen Wissens eine gemeinsame Reflexion. Dann bewältigt die lernende Person die Herausforderungen, die durch die Umsetzung des Gelernten entstehen, und reflektiert diese erneut. So wird ein Lernprozess angeregt, in dem Resultate durch die Reflexion mit Bezugspersonen direkt in die Praxis eines gesamten Teams gelangen.

Action Learning hat zum Ziel, durch zirkuläres Denken Veränderungsprozesse zu erleichtern, Führungskompetenzen zu erweitern oder eine neue Team- und Lernkultur zu implementieren. Auf diese Weise trägt Action Learning auch zur Organisationsentwicklung bei.

Phasen des Action Learning

Zur Verdeutlichung erkläre ich am Beispiel der Zielsetzung, digitale Medien im Kindergarten einzuführen, die Phasen des Action Learning. Das Ziel um die Planung für die Umsetzung steht fest. Jetzt geht es darum, gemeinsam aktiv zu werden und im Einführungsprozess niemanden zurückzulassen.

1. Phase: Voneinander lernen und neues Wissen hinzufügen

Zunächst geht es um Neugier und das Erforschen des eigenen Handelns im pädagogischen Alltag. Bei der Implementierung digitaler Medien in den Kindergartenalltag würde an dieser Stelle überlegt werden, welche Alltagsroutinen sich gut mit den neuen Anforderungen verbinden lassen und welche stören und deshalb angepasst werden müssen. Die Teammitglieder werden ermutigt, zu den eigenen Fähigkeiten zu stehen, um dann im Team zu klären, wer über welches Wissen und welche Fähigkeiten verfügt. Am Ende dieser Phase wird vorhandenes Wissen geteilt und gemeinsam neues Wissen erlernt. Dies kann dadurch geschehen, das Videos gesehen oder Vorträge gehört werden.

2. Phase: Gemeinsam aktiv werden

Im Team wird überlegt, wer an welcher Stelle im Tagesablauf ein digitales Gerät ausprobiert. Es wird festgelegt, wer an welcher Stelle handelt und wer beobachtet und Feedback gibt. Mehrmals werden diese Rollen getauscht. Auf diese Weise entsteht in der Gruppe das Gefühl, dass sie gemeinsam die Veränderung gestaltet. So wird aus Fehlern gemeinschaftlich gelernt und Erfolge werden gemeinsam gefeiert.

3. Phase: Reflexion

Die Reflexion ist eine wichtige Methode in der Teamarbeit. Sie muss stetig geübt werden. Leitungen sollten den Teammitgliedern immer wieder die Gelegenheit geben, Feedbackgeben zu üben. Die Phase der Reflexion findet stets dialogisch statt. Die Teammitglieder beobachten sich gegenseitig, machen sich Notizen und versuchen zu analysieren, warum eine Situation erfolgreich ist und die andere nicht. Die beobachteten Situationen werden bewertet, und auf der Grundlage der gesammelten Fakten wird überlegt, welches Vorgehen, welche Methoden beibehalten werden und welche nicht.

4. Phase: Implementierung
Auf der Grundlage der Erkenntnisse während der Reflexion werden neue Maßnahmen abgeleitet, erfolgreiches Vorgehen bestätigt und fest in den Alltag integriert.

Zusammenarbeit mit Eltern

Die Meinungen über den Einsatz digitaler Medien im Kindergarten gehen weit auseinander. Daher ist es umso wichtiger, die Eltern in die Planung und Umsetzung einzubeziehen, wenn der Kindergarten digitale Medien einsetzen will. Ich empfehle, sich nicht so stark auf die technischen Geräte zu fokussieren, sondern Sinn und Ziel der Neuausrichtung der pädagogischen Arbeit zu betonen. In vielen Ländern gibt es dafür Rückendeckung durch das Curriculum und den Bildungsauftrag des Kindergartens. Es ist sinnvoll, die gesetzliche Grundlage und die daraus resultierenden Umsetzungsideen für die pädagogische Arbeit gemeinsam mit den Eltern zu erarbeiten. Die Eltern auf diese Weise von Beginn an zu beteiligen, schafft ein gemeinsames Verständnis, baut Ängste ab und sorgt für ein abgestimmtes pädagogisches Handeln zwischen Kindergarten und Elternhaus.

Die Sorgen der Eltern müssen ernst genommen werden. Pädagogen müssen klar und deutlich die pädagogischen Ziele und das geplante Vorgehen bei der Implementierung digitaler Technologien formulieren. Dies kann z. B. an Elternabenden geschehen, indem ein Vortrag zur Zukunftsbildung gehalten wird, der ausreichend Raum für die Beantwortung von Fragen lässt. Im Dialog ist es möglich, Ängsten offen und professionell zu begegnen. Eltern sollten die Möglichkeit erhalten, selbst aktiv zu werden. Hier bietet sich ein Elternnachmittag zum Ausprobieren technischer Geräte an. Im gemeinsamen Spiel und beim gemeinsamen Entdecken lässt sich die Hemmschwelle senken und Neugier wecken. Pädagogen können diese Situation nutzen, um mit den Eltern das eigene Verhalten und den Umgang mit digitalen Geräten im Alltag zu reflektieren. Aus dieser Reflexion heraus können konkrete Maßnahmen abgeleitet werden. Gerade in der Zusammenarbeit mit den Eltern geht es darum, sich im Für und Wider der Diskussion um die digitalen Medien sicher zu bewegen.

Es ist gut, wenn Einrichtungen in ihrem Grundsatzpapier genau erklären, was sie tun und was nicht. Hier kann zum Beispiel stehen: »Wir benutzen keine digitalen Geräte zum Zeitvertreib. Die Kinder werden in unserem Kindergarten niemals ein Tablet bekommen, um zu spielen oder einen Film anzusehen. Wir werden den Kindern aber die Tablets geben, um selbst Filme zu erstellen oder kreative Erfahrungen zu machen. Wir Erzieherinnen werden im Beisein der Kinder nicht auf ein Smartphone schauen, im Gruppenraum oder im Garten sitzen und Mails beantworten oder mit jemandem telefonieren oder chatten. Wir erwarten auch von den Eltern, dass sie die Zeit mit den Kindern im direkten Miteinander verbringen und die digitale Technik beiseitelegen.«

Zusammenfassung

Veränderungsprozesse zu gestalten ist keine leichte Aufgabe. Es verlangt viel von Trägern und Leitungspersonen, Veränderungen zum Erfolg zu bringen und dabei möglichst alle Mitglieder der sozialen Gemeinschaft wie Eltern, Pädagogen und Kinder mitzunehmen. Mit der Methode des Action Learning können Veränderungsprozesse im Kindergarten erfolgreich bewältigt werden. Dabei kommt es darauf an, vorhandenes Wissen zu teilen und neu Dazugelerntes mit anderen zu hinterfragen. Auf diese Weise lernt die gesamte Organisation. Am Ende ist sie in der Lage festzuhalten, welche Methoden und Maßnahmen sinnvoll sind und dauerhaft eingeführt werden und welche für die Gemeinschaft keinen Sinn ergeben, also nicht fortgeführt werden. Dafür braucht es aufmerksame und genau planende Träger, die intensiv mit den Akteuren aus der Praxis zusammenarbeiten. Es braucht starke Leitungen, die in der Lage sind, ihren Kindergarten durch Veränderungsprozesse zu führen und Eltern einzubinden.

Fazit

In der Lebensrealität von Heranwachsenden wird die Digitalisierung zweifellos immer präsenter. Im Gleichschritt mit dieser Entwicklung hat der digitale Wandel auch in Kindergärten und Grundschulen Einzug gehalten. Wir sind an einem Punkt, an dem es noch ungeklärte Fragen gibt – aber wir werden jeden Tag ein bisschen besser und kommen den Antworten ein Stückchen näher. Ich hoffe, mit dem vorliegenden Buch einen wichtigen Beitrag geleistet zu haben, um Sie, liebe Kolleginnen und Kollegen, für Ihren Weg in die digitale Zukunft auszurüsten.

Die Grundhaltung gegenüber digitalen Medien in der Kita ist vielfach ambivalent. Daher ist die Qualifizierung von pädagogischem Personal besonders wichtig, um nicht nur methodische Anschlusspunkte für alle Bildungsbereiche zu schaffen, sondern auch mit den Herausforderungen und Risiken zunehmender Digitalisierung angemessen umzugehen. In der pädagogischen Arbeit mit digitalen Medien gilt es also nicht nur, Kompetenzen zu vermitteln. Wichtig ist auch, Unsicherheiten adäquat anzusprechen und Fachkräfte zu ermächtigen, gegenüber Eltern und Familien eine fundierte fachliche Haltung zu entwickeln und zu vertreten.

Auch auf dieser Ebene braucht es ausreichend Information zum Einsatz und Nutzen von digitalen Medien in der Kita. Pädagogische Fachkräfte sollten die Sorgen der Eltern – etwa zu Datenschutz und Persönlichkeitsrechten – ernst nehmen. Eltern verdienen eine konkrete Auskunft über den Umgang mit digitalen Medien in der jeweiligen Einrichtung.

Gleichzeitig sollten Fachkräfte, Eltern und Kinder auch die Risiken digitaler Medien offen thematisieren. Über Erziehungs- und Bildungsherausforderungen zu sprechen, hilft dabei, eine aufgeklärte Haltung zum Thema zu entwickeln. All das dient einem schönen Ziel: dass alle Beteiligten – pädagogische Fachkräfte, Eltern und Kinder – digitale Medien als neue Werkzeuge für den pädagogischen Alltag verstehen lernen und sich damit auf den Weg von Konsumenten zu mündigen Produzenten begeben können.

So zahlreich die vor uns liegenden Herausforderungen auch sind – es bieten sich mindestens ebenso viele Chancen. **Aus meiner Sicht müssen wir: einfach machen!** Im doppelten Sinne. Dazu soll dieses Buch ermutigen. Denn als Pädagogen stehen wir, gemeinsam mit Eltern und Bildungsinstitutionen, in vorderster Linie. In dieser Position können wir die sich bietenden Möglichkeiten ergreifen, um Frühpädagogik auch in diesen bewegenden Zeiten sinnvoll zu gestalten.

Pädagogik diente schon immer dem Ziel, nachfolgende Generationen auf eine unbekannte Zukunft vorzubereiten. Wer die Zukunft bilden will, muss sich mit ihr auseinandersetzen – und Digitalisierung ist keine *Rocket Science*. Wir sind es, die die jungen und wissbegierigen Menschen in ihren zunehmend digitalisierten Lebensrealitäten wahrnehmen und beobachten, sie bei der Reflexion begleiten, ihnen Wege ebnen und Optionen anbieten können.

Warum wir das können? Weil wir Pädagogen bekannt für unsere guten Ideen sind. Wir bringen den Kindern ihre Lebensrealität näher und vermitteln ihnen die notwendigen Kompetenzen für ein verantwortliches Leben in der Zukunft. Es gibt aus meiner Sicht wenige Berufsgruppen, die mit persönlicher Hingabe im täglichen Arbeitsleben so viel Lösungsorientierung und -kompetenz aufweisen können! Deshalb machen Sie das, was Sie am besten können. Öffnen Sie Ihre Augen, seien Sie mutig. Besinnen Sie sich Ihrer Stärken und lassen Sie sich nicht beirren. Einfach machen!

Wie in jedem Buch freue ich mich über Ihr Feedback. Zeigen Sie mir gerne, wie Sie es einfach machen. Ich bin gespannt darauf, wie Sie in Ihrer täglichen Praxis kreativ erfolgreich sind und mit Ihren tollen Ideen die Bildungs- und Betreuungsarbeit in der digitalisierten Welt voranbringen.

Herzlich,
Ihre Antje Bostelmann

Die Autorin

Antje Bostelmann, 1960 in Rostock geboren, ist ausgebildete Krippenerzieherin und Gründerin von Klax. Das von ihr entwickelte Konzept der Klax-Pädagogik findet in zahlreichen Bildungseinrichtungen in ganz Europa Anwendung. Antje Bostelmann berät Unternehmen und Institutionen bei der Umsetzung moderner Bildungskonzepte und teilt ihr Wissen und ihre langjährige praktische Erfahrung in Workshops, Seminaren und auf Kongressen. Sie gilt als Vorreiterin für die Anerkennung der Bildungsarbeit in der Frühpädagogik und den sinnvollen Einsatz digitaler Medien in Kindergarten und Schule. Sie hat zahlreiche Spiel- und Lernmaterialien entwickelt und über 50 pädagogische Fachbücher veröffentlicht, darunter viele Bestseller. Antje Bostelmann ist Mutter von drei erwachsenen Kindern und lebt in Berlin.

Fußnoten

1. Im späteren Verlauf kurz als KI bezeichnet
2. www.mini-maker.de
3. Vgl. »Unter Medien allgemein werden allerdings auch analoge Medien wie Fernseher, Bücher, Zeitungen und Telefon verstanden. Unter den neuen Medien werden dagegen digitale Medien wie Smartphones, Tablets, und E-Books verstanden.« Zur Differenzierung siehe auch: Leopold, Marion & Ullmann, Monika (2018). Digitale Medien in der Kita. Freiburg: Verlag Herder. S. 42ff. (Z.n. Deutscher Bundestag (2018). Zu den Auswirkungen der Nutzung digitaler Medien auf Kleinkinder in Kindertageseinrichtungen. S. 8.)
4. Vgl. Hans Böckler Stiftung (2017): Working Paper Forschungsförderung. Nr. 032, März 2017. Digitalisierung, Automatisierung und Arbeit 4.0. Beschäftigungsperspektiven im norddeutschen Dienstleistungssektor. Katrin Vitols, Katrin Schmid und Peter Wilke. »1970 waren nur rund 45 Prozent der 26,6 Millionen Erwerbstätigen im früheren Bundesgebiet im Dienstleistungsbereich tätig, im Jahr 2015 waren es rund 72 Prozent aller Erwerbstätigen, d.h. insgesamt 25,72 Millionen Personen. Mehr als sieben von zehn Beschäftigten in Deutschland sind damit im Dienstleistungssektor tätig.« (S. 5)
5. Ich gehe davon aus, dass es diese gesetzlichen Vorschriften für die Arbeit des Kindergartens überall in ähnlicher Form gibt und der gesellschaftliche Bildungs- und Erziehungsauftrag in den Kindergärten sich europaweit ähnelt.
6. Deutscher Bundestag (2018). Zu den Auswirkungen der Nutzung digitaler Medien auf Kleinkinder in Kindertageseinrichtungen. S. 4.
7. Vgl. »Die Enquête-Kommission *Internet und digitale Gesellschaft* geht davon aus, dass die Ausbildung von Medienkompetenz immer mehr an Bedeutung gewinnt. Es handele sich hierbei um eine zentrale Aufgabe des Bildungssystems. Insofern müsse auch in der Erzieherausbildung verstärkt Medienpädagogik vermittelt werden« (Deutscher Bundestag (2018). Zu den Auswirkungen der Nutzung digitaler Medien auf Kleinkinder in Kindertageseinrichtungen. S. 8.)
8. Vgl. »Die Kita muss an dieser Stelle mehrere Aufgaben wahrnehmen: Hierzu zählt insbesondere, dass Kindern die Möglichkeit eröffnet wird, die Vielfalt der einzelnen zur Verfügung stehenden Medien kennenzulernen, der einseitigen Mediennutzung, welche möglicherweise innerhalb der Familie besteht, entgegen zu wirken und so für einen Ausgleich und Bildungsgerechtigkeit zu sorgen; es soll eine ganzheitliche Medienerziehung durch, mit und über Medien erfolgen.« (Deutscher Bundestag (2018). Zu den Auswirkungen der Nutzung digitaler Medien auf Kleinkinder in Kindertageseinrichtungen. S. 9).
9. Vgl. Schmidt, Jan Hinrik & Taddicken, Monika (Hrsg.). (2020). Handbuch Soziale Medien. Wiesbaden: Springer VS.
10. Grue-Sørensen, Knud (1975). Almen pædagogik. En håndbog i de pædagogiske grundbegreber. København: Gjellerup, S. 25.
11. Hegel, Georg Wilhelm Friedrich (1979). Werke. Band 3: Phänomenologie des Geistes. Frankfurt: Suhrkamp. S. 15.

12 Lars Geer Hammershøj ist Doktor der Philosophie und Professor für Bildungsphilosophie am Fachbereich Bildung der Universität Aarhus. Sein Forschungsschwerpunkt liegt auf der Fragestellung: Welche Lernerfahrungen sind im digitalen Zeitalter wichtig? Wie können Kreativität und Bildung gefördert werden? Er hat Bücher und Artikel zu Spiel, Kreativität und Innovation, zu den Bildungsprozessen auf den verschiedenen Ebenen des Bildungssystems und zur Zeitdiagnose als Zukunftsstudien veröffentlicht.

13 Peer oder Peergroup bezeichnet eine »Gruppe von etwa gleichaltrigen Kindern oder Jugendlichen, die als primäre soziale Bezugsgruppe neben das Elternhaus tritt« und eine »Gruppe von Gleichgestellten oder Menschen mit gleichen oder ähnlichen Interessen«, Dudenredaktion (o. J.): »Peergroup« auf Duden online. URL: https://www.duden.de/rechtschreibung/Peergroup (Abrufdatum: 20.11.2020).

14 Vgl. *Partnership for the 21st Century Skills*, UCC.dk.

15 Baacke, Dieter (1997). Medienpädagogik. Tübingen: Niemeyer. S. 99.

16 Buckingham, David (2007). Media education goes digital: an introduction. Learning, Media and technology, 32 (2), S. 111–119.

17 Das Praxisbeispiel wurde dem Artikel »Die Wahrheit und das Internet« von Antje Bostelmann entnommen. Zuerst erschienen in: Betrifft Kinder, Ausgabe 05/2015. Berlin: Verlag das Netz.

18 Beide Praxisbeispiele in diesem Unterkapitel sind in sprachlich leicht abgeänderter Form dem Artikel »3-D-Drucker im Kindergarten. Der Weg vom Kunststofffaden zur Realisierung von Ideen« von Antje Bostelmann entnommen. Zuerst erschienen in: 4 bis 8. Fachzeitschrift für Kindergarten und Unterstufe, Ausgabe 07/2018.

19 Peter Fratton (*1948) gehört zu den renommiertesten Schulgründern und Schulinnovatoren Europas. Fratton gründete 1980 das erste »Haus des Lernens« in der Schweiz. Das Konzept »Haus des Lernens« geht davon aus, dass Schule und Lernen geprägt sind vom respektvollen Miteinander, von der gestalteten Lernumgebung, der Zielorientierung und klaren Leistungsanforderungen. Vgl. Fratton, P. (2019). Meine 4 pädagogischen Urbitten. In: http://peterfratton.ch/?page_id=478 (Abgerufen: 10.03.2020)

20 Hammershøj, Lars Geer (2019). Über Spiel, Kreativität und Bildung im digitalen Zeitalter. In: https://www.youtube.com/watch?v=pW dAT83sc18. Minute 1:28–2:04. (Abgerufen: 10.03.2020)
»Einer der Hauptgründe warum der Einsatz digitaler Medien im Kindergarten wichtig ist, ist, dass Kinder verstehen sollten, wie sie diese kreativ einsetzen können […] Sie sollten Maker sein, jedoch bleibt es etwas unklar, warum dies so wichtig ist. Auch unklar ist, wie Kreativität genau gefördert wird – diese zwei Fragen werfen eigentlich eine viel größere Frage auf. Ich denke, die größte Frage in der Bildung lautet: Was wollen wir in Zukunft lernen? Diese Frage war schon immer wichtig für die Bildung.« (eigene Übersetzung)

21 Prof. Dr. Heidi Schelhowe (*1949) ist als Professorin für Digitale Medien in der Bildung an der Universität Bremen tätig. In interdisziplinären Forschungsprojekten beschäftigt sie sich mit der Entwicklung von Hardware und Software für Bildungskontexte, die zur Gestaltung sinnvoller Lernumgebungen eingesetzt werden sollen. Vgl. Schelhowe, Heidi (2013). Digital Realities, Physical Action and Deep

Learning – FabLabs as Educational Environments? In: Walter-Herrmann, Julia & Büching, Corinne (Hrsg.). FabLab – Of Machines, Makers and Inventors. Bielefeld: Transcript Verlag. S. 93–104. Z. n. Silke Ladel, Julia Knopf, Armin Weinberger (Hrsg.). Digitalisierung und Bildung. Wiesbaden: Springer Verlag, 2018, S. 185.
22 Vgl. Youniss, James (1994). Soziale Konstruktion und psychische Entwicklung. Frankfurt am Main: Suhrkamp Verlag. S. 18.
23 Youniss, James (1994). Soziale Konstruktion und psychische Entwicklung. Frankfurt am Main: Suhrkamp Verlag. S. 35.
24 Youniss, James (1994). Soziale Konstruktion und psychische Entwicklung. Frankfurt am Main: Suhrkamp Verlag. S. 35.
25 Vgl. Becker-Stoll, Fabienne; Niesel, Renate & Wertfein, Monika (2009). Handbuch Kinder in den ersten drei Lebensjahren: Theorie und Praxis für die Tagesbetreuung. Freiburg/Basel/Wien: Herder. S. 27.
26 Seymour Papert (1928–2016) war ein amerikanischer Mathematiker, Pädagoge sowie Psychologe und beschäftigte sich mit der Einbindung neuer Kommunikationsmedien und Formen der Zusammenarbeit in den Unterricht. Für die kreative Förderung von Lernprozessen und den Erwerb von Wissen plädierte Papert für die Integration von Informations- und Computertechnologie in den Unterricht. Ziel ist es Schüler/-innen einen mündigen Umgang mit Technologien im Unterricht zu ermöglichen und die Lernmotivation zu steigern. Papert z. n. Whitton, Nicola (2014). Beyond Gamification: play in higher education. In: Exploring Play in Higher Education. S. 6. In: https://www.researchgate.net/profile/Chrissi-Nerantzi/publication/279222262_Exploring_Play_in_Higher_Education_Part_B/links/55911e6308ae15962d8c7e63/Exploring-Play-in-Higher-Education-Part-B.pdf (Abgerufen: 01.03.2021)
»Man kann den Menschen nicht alles beibringen, was sie wissen müssen. Das Beste, was Sie tun können, ist, sie dort zu positionieren, wo sie das finden können, was sie wissen müssen, wenn sie es wissen müssen. Ich bin überzeugt, dass das beste Lernen stattfindet, wenn der Lernende die Verantwortung übernimmt.« (eigene Übersetzung)
27 Papert, Seymour (1996). Computers in the classroom: Agents of change. The washington post education review, 27. S. 34.
»Die Rolle des Lehrers besteht darin, die Bedingungen für Erfindungen zu schaffen, anstatt vorgefertigtes Wissen bereitzustellen.« (eigene Übersetzung)
28 Vgl. »Spiel ist die Arbeit des Kindes«: Jean Piaget (1896–1980) hat mit seiner Entwicklungspsychologie auch eine umfangreiche Spieltheorie aufgestellt. Durch Beobachtungen systematisierte er die Bedeutung des Spiels hinsichtlich der kognitiven Entwicklung. Vgl. Piaget, Jean & Inhelder, Bärbel (1993). Die Psychologie des Kindes (1966). München: dtv.
29 John Dewey (1859–1952) gehört zu den wichtigen Reformpädagogen des 20. Jahrhunderts. Seine Beiträge zielen auf eine demokratische Erziehung und Humanisierung der Schule ab, sowie auf ein problemzentriertes Arbeiten im Unterricht.
30 Vgl. Dewey (1913), S. 725. »A name given to those activities which are not consciously performed for the sake of any result beyond themselves; activties which are enjoyable in their own execution without reference to ulterior purpose.«

31 Schelhowe, Heidi (2007). Technologie, Imagination und Lernen. Münster: Waxmann Verlag, S. 113.
32 Der Begriff der *ästhetischen Bildung* hat seine Wurzeln in den kulturphilosophischen Schriften von Friedrich Schillers »Über die ästhetische Erziehung des Menschen«. Dieser Ansatz bezeichnet in den Erziehungswissenschaften den Umgang mit ästhetischen Medien, bei dem sinnliche Erfahrungen den Ausgangspunkt von Bildung und Entwicklung des Menschen sind. Vgl. Schiller, Friedrich (1795). Über die ästhetische Erziehung des Menschen in einer Reihe von Briefen. (2000) Berghahn, Klaus L. (Hrsg). Ditzingen: Reclam.
33 Rudolf Seitz (1934–2001) beschäftigte sich als Kunstpädagoge mit der bildnerisch-ästhetischen Elementarerziehung. Weiterhin war er Gründer der »Schule der Phantasie« und publizierte zahlreiche Bücher zum Thema ästhetische Elementarbildung.
34 Projektorientiertes Lernen gilt auch als Herzstück der Reggio-Pädagogik.
35 Vgl. Bostelmann, Antje & Engelbrecht, Christian (2016). So gelingen spannende Bildungsprojekte im Kindergarten. Eine Schritt-für-Schritt-Anleitung. Berlin: Bananenblau Verlag.
36 Vgl. Wilk, Matthias (2016). Der Raum als Erzieher: Die Bedeutung des Raumes für die kindliche Bildung und Entwicklung. Marburg: Tectum Wissenschaftsverlag.
37 Thestrup, Klaus & Robinson, Sarah (2016). Towards an entrepreneurial mindset: Empowering learners in an open laboratory. Bingley: Emerald Group Publishing Limited. S. 147–166. Z. n. Klax (2019). Kinder Der Zukunft: Integration Von Digitalen Medien in Die Bildungsarbeit des Kindergartens. 2019. S. 21.
»Man kann über den Makerspace in einem Kindergarten als offenes Labor sprechen, in dem alle Materialien, alle Medien und alle Werkzeuge zusammen verwendet und untersucht werden können.« (eigene Übersetzung)
38 Sheridan, Kimberly; Halverson, Erica Rosenfeld; Litts, Breanne; Brahms, Lisa; Jacobs-Priebe, Lynette & Owens, Trever (2014). Learning in the making: A comparative case study of three makerspaces. Harvard Educational Review, 84 (4), S. 505–531.
39 Nicholas Provenzano (*1979) ist Makerspace-Direktor und Technologiekoordinator an der University Liggett School in Michigan/USA. Vgl. Provenzano, Nicholas (2018). The Maker Mentality (The Nerdy Teacher Presents). North Charleston: CreateSpace Independent Publishing Platform. S. 2. »Die Maker Mentalität beschreibt den Prozess, in dem eine Person sinnvolle Verbindungen herstellt und ein Verständnis durch Herstellen demonstrieren kann. Verbindungen können durch physische Objekte, nachdenkliche und konstruktive Gespräche, digitale Kreationen und alles, was eine Person sonst noch denken kann, hergestellt werden, um Verständnis zu demonstrieren. Jeder Schüler, Lehrer und Administrator in einer Schule und einem Bezirk spielt eine besondere Rolle in der Maker-Mentalität und zusammen schaffen sie ein Umfeld, das für alle Beteiligten wachstumsfördernd ist.« (eigene Übersetzung)
40 Provenzano, Nicholas (2018). The Maker Mentality (The Nerdy Teacher Presents). North Charleston: CreateSpace Independent Publishing Platform. S. 2.

41 Carol S. Dweck (*1946) ist eine amerikanische Psychologin und unterrichtet an der Stanford University. Bekannt wurde sie durch ihre Arbeit über das psychologische Merkmal des Mindsets.
42 Nottingham, James; Nottingham, Jill & Renton, Martin (2016). Challenging Learning Through Dialogue: Strategies to Engage Your Students and Develop Their Language of Learning. Thousand Oaks, CA: Corwin Press. S. 15.
43 Nottingham, James; Nottingham, Jill & Renton, Martin (2016). Challenging Learning Through Dialogue: Strategies to Engage Your Students and Develop Their Language of Learning. Thousand Oaks, CA: Corwin Press. S. 23.
44 Vgl. Nottingham, James (2014). Udfordrende læring. Frederikshavn: Dafolo. S. 23.
45 Vgl. Nottingham, James (2014). Udfordrende læring. Frederikshavn: Dafolo. S. 15.
46 Vgl. Nottingham, James; Nottingham, Jill & Renton, Martin (2016). Challenging Learning Through Dialogue: Strategies to Engage Your Students and Develop Their Language of Learning. Thousand Oaks, CA: Corwin Press. S. 27.
47 Vgl. Nottingham, James; Nottingham, Jill & Renton, Martin (2016). Challenging Learning Through Dialogue: Strategies to Engage Your Students and Develop Their Language of Learning. Thousand Oaks, CA: Corwin Press. S. 38.
48 Mitchel Resnick (*1956) absolvierte seinen Bachelor in Physik und Master sowie PhD in Computer Science. Als Professor für Bildungsforschung und Direktor der Lifelong Kindergarten Research Group arbeitet er am MIT Media Lab.
49 Resnick, Mitchel (2020). Lifelong Kindergarten. Warum eine kreative Lernkultur im digitalen Zeitalter so wichtig ist. Berlin: Bananenblau Verlag. S. 24.

Literaturverzeichnis

Baacke, Dieter (1997). Medienpädagogik. Tübingen: Niemeyer.

Becker-Stoll, Fabienne; Niesel, Renate & Wertfein, Monika (2009). Handbuch Kinder in den ersten drei Lebensjahren: Theorie und Praxis für die Tagesbetreuung. Freiburg/Basel/Wien: Herder.

Bostelmann, Antje (2015). Die Wahrheit und das Internet. In: Betreff Kinder, Ausgabe 5. Kiliansroda: Verlag das Netz.

Bostelmann, Antje & Engelbrecht, Christian (2016). So gelingen spannende Bildungsprojekte im Kindergarten: Eine Schritt-für-Schritt-Anleitung. Berlin: Bananenblau Verlag.

Bostelmann, Antje (2018). »3-D-Drucker im Kindergarten. Der Weg vom Kunsttofffaden zur Realisierung von Ideen« von Antje Bostelmann entnommen. In: 4 bis 8. Fachzeitschrift für Kindergarten und Unterstufe, Ausgabe 07. Bern: Schulverlag plus.

Buckingham, David (2007). Media education goes digital: an introduction. Learning, Media and technology, 32 (2). S. 111–119.

Deutscher Bundestag (2018). Zu den Auswirkungen der Nutzung digitaler Medien auf Kleinkinder in Kindertageseinrichtungen. In: https://www.bundestag.de/resource/blob/592490/c0a7b57b737481666c30dd0dbbd12da7/WD-9-050-18-pdf-data.pdf. (Abgerufen: 26.03.2020)

Dewey, John (1913). Interest and effort in education. Houghton Mifflin. Cambridge: Riverside Press.

Dudenredaktion (o.J.): »Peergroup« auf Duden online. In: https://www.duden.de/rechtschreibung/Peergroup. (Abgerufen: 10.03.2020)

Dweck, Carol, S. (2012). Mindsets and human nature: Promoting change in the Middle East, the schoolyard, the racial divide, and willpower. American Psychologist, 67 (8), S. 614.

Fratton, Peter (2019). Meine 4 pädagogischen Urbitten. In: http://peterfratton.ch/?page_id=478. (Abgerufen: 10.03.2020)

Grue-Sørensen, Knud (1975). Almen pædagogik. En håndbog i de pædagogiske grundbegreber. Kopenhagen: Gjellerup.

Hammershøj, Lars Geer (2019). Über Spiel, Kreativität und Bildung im digitalen Zeitalter. In: https://www.youtube.com/watch?v=pWdAT83sc18. Minute 1:28–2:04. (Abgerufen: 10.03.2020)

Hans Böckler Stiftung (2017). Working Paper Forschungsförderung. Nr. 032, März 2017. Digitalisierung, Automatisierung und Arbeit 4.0.

Beschäftigungsperspektiven im norddeutschen Dienstleitungssektor. In: https://d-nb.info/1128341182/34. (Abgerufen: 01.03.2021)

Hegel, Georg Wilhelm Friedrich (1979). Werke. Band 3: Phänomenologie des Geistes. Frankfurt: Suhrkamp.

Klax. (2019). Kinder der Zukunft. Integration von digitalen Medien in die Bildungsarbeit des Kindergartens. Klax. In: https://mini-maker.de/wp-content/uploads/2019/05/Mini-Maker_Day_Broschuere_Begleitheft.pdf. (Abgerufen: 21.08.2019)

Ladel, Silke; Knopf, Julia & Weinberger, Armin (Hrsg.) (2018). Digitalisierung und Bildung. Wiesbaden: Springer VS.

Leopold, Marion & Ullmann, Monika (2018). Digitale Medien in der Kita. Freiburg/Basel/Wien: Herder. S. 42 ff.

Nottingham, James (2014). Udfordrende læring. Frederikshavn: Dafolo.

Nottingham, James; Nottingham, Jill, & Renton, Martin (2016). Challenging Learning. 2end ed., London: Routledge.

Nottingham, James; Nottingham, Jill & Renton, Martin (2016). Challenging Learning Through Dialogue: Strategies to Engage Your Students and Develop Their Language of Learning. Thousand Oaks, CA: Corwin Press.

Papert, Seymour (1996). Computers in the classroom: Agents of change. The washington post education review, 27.

Partnership for the 21st Century. In: http://www.p21.org/our-work/p21-framework. (Abgerufen: 13.02.2019)

Piaget, Jean & Inhelder, Bärbel (1993). Die Psychologie des Kindes (1966). München: dtv.

Provenzano, Nicholas (2018). The Maker Mentality (The Nerdy Teacher Presents). North Charleston: CreateSpace Independent Publishing Platform.

Resnick, Mitchel (2020). Lifelong Kindergarten. Warum eine kreative Lernkultur im digitalen Zeitalter so wichtig ist. Berlin: Bananenblau Verlag.

Schelhowe, Heidi (2007). Technologie, Imagination und Lernen. Münster: Waxmann Verlag.

Schiller, Friedrich (1795). Über die ästhetische Erziehung des Menschen in einer Reihe von Briefen. (2000) Berghahn, Klaus L. (Hrsg). Ditzingen: Reclam.

Schmidt, Jan Hinrik & Taddicken, Monika (Hrsg.). (2020). Handbuch Soziale Medien. Wiesbaden: Springer VS.

Sheridan, Kimberly; Halverson, Erica Rosenfeld; Litts, Breanne; Brahms, Lisa; Jacobs-Priebe, Lynette & Owens, Trever (2014). Learning in the making: A comparative case study of three makerspaces. Harvard Educational Review, 84 (4), S. 505–531.

Thestrup, Klaus & Robinson, Sarah (2016). Towards an entrepreneurial mindset: Empowering learners in an open laboratory. Bingley: Emerald Group Publishing Limited. S. 147–166.

Whitton, Nicola (2014). Beyond Gamification: Play in higher education. In: Exploring Play in Higher Education. In: https://www.researchgate.net/profile/Chrissi-Nerantzi/publication/279222262_Exploring_Play_in_Higher_Education_Part_B/links/55911e6308ae15962d8c7e63/Exploring-Play-in-Higher-Education-Part-B.pdf (Abgerufen: 01.03.2021)

Wilk, Matthias (2016). Der Raum als Erzieher: Die Bedeutung des Raumes für die kindliche Bildung und Entwicklung. Marburg: Tectum Wissenschaftsverlag.

Youniss, James (1994). Soziale Konstruktion und psychische Entwicklung. Frankfurt am Main: Suhrkamp Verlag.

© Klax / Barbara Dietl

Wer die Zukunft bilden will, muss sich mit ihr auseinandersetzen!

Deshalb bieten wir eine Vielzahl von verschiedenen Praxisfortbildungen im Bereich „Mini-Maker", sowohl für Einzelpersonen als auch Gruppen an, um pädagogische Fachkräfte zu befähigen, pädagogisch durchdachte Maker-Angebote und Bildungsprojekte im Bereich „Digitale Medienkompetenz" eigenständig im Kindergarten durchzuführen.

Die Teilnehmenden erhalten in enger Theorie-Praxis-Verzahnung das nötige Know-how für eine erfolgreiche Planung und Durchführung von Lernangeboten genauso wie didaktische Tipps und Hintergrundwissen zum Spielen und Lernen von Kindern in der digitalisierten Welt.

Institut für Klax-Pädagogik

Arkonastr. 45–49, 13189 Berlin
Tel.: 030 477 96 145

institut@klax-online.de
www.klax.de/institut
www.mini-maker.de